AF598938

La rueda del año de la bruja

Si este libro le ha interesado y desea que le mantengamos informado de nuestras publicaciones, escríbanos indicándonos qué temas son de su interés (Astrología, Autoayuda, Ciencias Ocultas, Artes Marciales, Naturismo, Espiritualidad, Tradición...) y gustosamente le complaceremos. Puede consultar nuestro catálogo en www.edicionesobelisco.com

Colección Esoterismo
La rueda del año de la bruja
Federica Vanini - Erica Brucoli

Título original: *The Witch's Wheel of the Year*
1.ª edición: junio de 2025

Traducción: *Raquel Mosquera*
Maquetación y diseño: *Isabel Also + Bebung*
Corrección: *Sara Moreno*

Vivida
Vivida® es marca registrada propiedad de White Star s.r.l
www.vividabooks.com

Edita: Ediciones Obelisco, S. L.
Collita, 23-25. Pol. Ind. Molí de la Bastida
08191 Rubí - Barcelona - España
Tel. 93 309 85 25 - E-mail: info@edicionesobelisco.com

ISBN: 978-84-1172-261-2
DL B 23668-2024

Printed in China

Federica Vanini

Erica Brucoli

La rueda del año de la bruja

EDICIONES OBELISCO

ÍNDICE

Introducción

A NUESTRO ALREDEDOR, el tiempo parece fluir inexorablemente. ¿Cuántas veces nos hemos sentido desconectados?

Nuestro frenético estilo de vida, con sus exigencias de productividad y eficiencia, nos ha llevado a acumular cosas y dinero, pero a carecer de un sentido de plenitud, de modo que, cuando por fin detenemos este ritmo febril para fijarnos en lo que nos rodea, nos sentimos perdidos y vacíos.

Cada vez más gente se da cuenta de que, con el tiempo, hemos perdido el contacto con la Madre Naturaleza. Dentro de nuestros castillos de hormigón y asfalto, permanecemos sordos a su llamada y ciegos a su belleza virgen.

Entonces, ¿cómo podemos salvar esta distancia?

Eso es lo que me pregunté hace muchos años, cuando comencé mi viaje espiritual. Con el tiempo, aprendí un secreto que cambió totalmente mi vida: el reino natural no está tan fuera de nuestro alcance como pensamos, siempre que estemos dispuestos a reconocer su importancia y su carácter sagrado.

YULE
Solsticio de invierno
IMBOLC
Candelaria
OSTARA
Equinoccio de primavera
BELTANE
Víspera de mayo
LITHA
Solsticio de verano
LAMMAS
Lughnasadh
MABON
Equinoccio de otoño
SAMHAIN
Halloween
INVIERNO
PRIMAVERA
VERANO
OTOÑO

Todo en la naturaleza es perfecto y tiene su propio ritmo, evolución, propósito y fin. Esta conciencia permite a todo ser vivo existir en conexión con todo lo que lo rodea y, aunque lo hayamos olvidado, esto nos incluye a nosotros.

En siglos pasados, antes de la aparición de la sociedad moderna, los seres humanos formaban parte integrante de esta interconexión.

Los pueblos prehistóricos vivían en una relación simbiótica con la naturaleza y dependían totalmente de ella.

Este papel central dio lugar a una visión mágica y religiosa de los poderes de la naturaleza y a la idea de que, para vivir en paz, era clave participar activamente en el proceso transformador de las cosas.

A pesar de que el tiempo parece fluir linealmente hacia el futuro, la naturaleza nos enseña que la existencia evoluciona de forma cíclica. El paso de las estaciones nos regala la experiencia de la vida, de las transformaciones y de los finales.

Todo lo que nos rodea cambia y esto influye en nuestro cuerpo, nuestro ánimo y nuestra energía personal.

El conocimiento de este ciclo está contenido en la rueda del año, una interpretación moderna de las antiguas tradiciones vinculadas a rituales agrarios y celebraciones de acontecimientos solares.

Introducida inicialmente por el erudito Jacob Grimm y definida más tarde por el movimiento neopagano del siglo XX, la rueda del año es una oportunidad para reconectar con la naturaleza, redescubrir el valor de los ciclos estacionales y conectar con el cosmos.

El año solar consta de ocho etapas conocidas como *sabbats*: Samhain, Imbolc, Beltane y Lammas son los *sabbats* mayores, que representan los momentos clave de transformación en el reino natural; mientras que los *sabbats* menores Yule, Ostara, Litha y Mabon representan los acontecimientos solares de solsticios y equinoccios.

Cada festival es rico en simbolismos, tradiciones y enseñanzas. Conocerlas y celebrarlas nos brinda la oportunidad de revivir antiguas tradiciones emprendiendo un camino de crecimiento personal y espiritual.

Seguir este camino ha cambiado mi vida profundamente, dándome la fuerza para elevarme por encima de una existencia que sentía que había superado.

La rueda del año no es un camino exclusivo para unos pocos elegidos: es un mundo encantado en el que el paso del tiempo es una oportunidad para comprendernos a nosotros mismos y a lo que nos rodea a un nivel más profundo.

Este libro traza un camino que te llevará a una exploración extraordinaria, en la que conocerás la historia, las tradiciones y las vibraciones que resuenan en tu alma.

A lo largo de este viaje no sólo serás un lector, sino un protagonista activo que tendrá la oportunidad de practicar hechizos, experimentando de primera mano la magia del año.

¿Estás preparado para cruzar el umbral?

Samhain

✦ ✦ ✦

Halloween

31 DE OCTUBRE - 2 DE NOVIEMBRE

Mi alma y mis raíces

✦ ✦ ✦

La última fiesta de la cosecha se llama Samhain, del gaélico *samhuinn*, que significa «fin del verano», y que para los pueblos celtas coincidía con el Año Nuevo.

Además de estar en el centro de la actual fiesta de Halloween, Samhain guarda una fascinante relación con diversas tradiciones de todo el mundo, en las que los temas de la conmemoración de los muertos y la fusión de este mundo y el más allá son un hilo conductor.

El velo que separa el inframundo del de los vivos se disuelve, permitiendo a los espíritus entrar en contacto con la dimensión humana.

Este acontecimiento mágico tiene un doble significado: por un lado, está la alegría de celebrar a los antepasados; por otro, el temor a que espíritus malévolos puedan dañar a las personas o las cosechas.

Aunque sus raíces se remontan a tradiciones precristianas procedentes de distintas culturas europeas, la celebración del Día de los Muertos tiene fascinantes vínculos con Samhain, como la conmemoración de los antepasados. El ritual más común consiste en preparar un banquete para honrar a los muertos.

Las familias se reúnen para cocinar las comidas favoritas de sus seres queridos, reservando un lugar simbólico en la mesa para los invitados incorpóreos. Junto a la mesa, se coloca un pequeño altar para conmemorar a los que ya no están con nosotros. En él se exponen fotos, flores y otros objetos significativos para recordarlos.

A través de estas sencillas acciones, Samhain nos revela sus secretos: somos el resultado de las elecciones y comportamientos de nuestros antepasados y estaremos siempre unidos a ellos por un hilo que atraviesa culturas y épocas. Esta conexión nutre nuestra alma con un sentimiento de estabilidad y pertenencia.

La ausencia de luz

✦ ✦ ✦

NACE EN LOS TONOS BRONCE del crepúsculo, en un momento en que la rueda del año celebra la naturaleza cíclica de la vida: el inevitable declive de los días de verano y la llegada del frío invernal.

La magia de Samhain nos conduce a las profundidades de una cueva subterránea donde nos enfrentaremos a nuestra oscuridad más íntima.

La puesta de Sol el 31 de octubre marca el comienzo de un profundo ciclo transformador que nos afectará física y espiritualmente.

La ausencia de luz y las temperaturas más frías y húmedas proporcionan las condiciones ideales para que las raíces se arraiguen y, del mismo modo, el alma humana está llamada a arraigar su espíritu y volverse más sabia.

La rueda del año nos enseña que la palabra «fin» es sólo una parte de una imagen más amplia. El fruto que cae del árbol y se pudre no deja de existir, sino que alimenta un nuevo ciclo vital. Del mismo modo, nosotros también formamos parte de esos poderes universales.

Esta visión de la continuidad nos permite comprender y aceptar que incluso esta fase de oscuridad es necesaria para nuestra evolución.

Del mismo modo que abrazamos la energía radiante del Sol en su punto álgido, necesitamos el valor de ahondar en las aguas más profundas de nuestra alma, en el lugar donde escondemos nuestras heridas, nuestro dolor y los cortes que hemos ido remendando poco a poco con gran esfuerzo. Es precisamente alimentando este aspecto de nuestra alma como podemos renacer verdaderamente al final de cada ciclo: tal es la profunda lección que nos enseña el signo de agua Escorpio como guardián de esta época del año.

La toma de conciencia es la clave de una auténtica renovación, que nos permite escarbar en nuestro interior, sin limitarnos a un análisis superficial.

Miedo al cambio

✦ ✦ ✦

LA ENERGÍA DEL MES

Noviembre nos enseña que percibir negativamente algunas energías y situaciones, a menudo etiquetadas como «fuertes», tiene su origen en nuestros miedos. Tememos lo desconocido, el subconsciente, la muerte y los finales, y proyectamos esos miedos en lo que nos rodea. Sin embargo, una visión espiritual de esta fase del año reconoce la naturaleza cíclica de toda energía, y nos guía hacia un despertar más profundo a través de la conciencia de que nada desaparece, sino que todo cambia y se integra en una etapa diferente de la existencia, para luego volver al ciclo sin fin, en el que se incluyen nuestras acciones.

LUNA LLENA

La Luna llena de este mes posee una energía particularmente complicada y nos pone a prueba. Su luz lechosa puede iluminar nuestro camino, permitiendo que nos recuperemos.

Durante esta fase, buscamos la ayuda de la Luna para recuperar fuerzas.

Conectamos con su poder y dejamos que despierte nuestro espíritu. Por eso, durante la Luna llena, debes dejar un colgante de plata en el exterior para cargarlo con su energía durante toda la noche. Siente cómo el poder de la Luna fluye a través de ti mientras llevas este amuleto.

LUNA NUEVA

El mes de Samhain, junto con la Luna nueva, nos brinda la oportunidad de limpiar en profundidad nuestro campo energético liberándolo de la negatividad acumulada hasta el momento.

Durante esta fase, puedes realizar algunos rituales de purificación.

Para ello, utilizaremos un cristal de selenita, cuya energía se considera calmante y limpiadora. Se cree que ayuda a disipar la energía negativa y ayuda en la meditación.

Durante la noche, colócalo en el exterior y luego purifícate moviendo el cristal en sentido contrario a las agujas del reloj por todo el cuerpo con movimientos circulares.

Doy mis pasos lentamente

✦ ✦ ✦

SAMHAIN SIMBOLIZA EL AÑO NUEVO CELTA; esta fase de nuevos comienzos, cargada de energía, puede resultar confusa. Por eso, para poder afrontar nuestro viaje con plena conciencia, necesitamos comprender la dirección que estamos tomando.

Concéntrate y responde a las preguntas que más resuenen con tu alma.

✦ ***Para limpiar tu cuerpo de energía negativa, tomas un baño con aceites esenciales y flores secas. ¿Qué ingredientes eliges?***

A. Leche de almendras, esencia de vainilla y pétalos de rosa.

B. Aceite esencial de eucalipto, flores de azahar y salvia seca.

✦ ***Imagina que posees un poder mágico. ¿Qué don elegirías para transformar tu vida y el mundo que te rodea?***

A. Clarividencia, para poder tomar decisiones con sabiduría.

B. Telequinesia, para poder mover objetos a mi antojo.

✦ ***La sabiduría universal se nos revela a través de frases que leemos o escuchamos por casualidad. De las siguientes, ¿cuál resuena más con tu interior?***

A. El mayor regalo es apreciar la vida y la magia que te rodea.

B. Definimos nuestro propio destino: cada acción y pensamiento cambia la realidad.

✦ ***Sueles preferir hacer tus hechizos:***

A. Por la noche, cuando hay silencio, para poder concentrarte en cada acción y cada susurro.

B. Durante un día soleado, para practicar al aire libre y dejarte guiar por la naturaleza.

✦ ***Imagina un cofre antiguo con incrustaciones de nácar, envuelto en un aura de misterio. En su interior están cuidadosamente guardados los objetos que utilizarás en tu práctica mágica. ¿Qué encuentras?***

A. Tus hierbas mágicas con sus esencias embriagadoras, libros y velas de colores.

B. El caldero mágico en el que cobran vida tus hechizos, tus cristales e incienso fragante.

MAYORÍA DE RESPUESTAS «A»:
PASOS LENTOS Y DELIBERADOS

La verdadera fuerza reside en la calma, la reflexión y el equilibrio.

✦ ✦ ✦

El animal espiritual que podría ser tu guía es la tortuga.

La tortuga se suele asociar con la sabiduría, debido a su longevidad y a su capacidad para observar el mundo con calma y desapego. Su caparazón representa la sabiduría interior, que nos permite afrontar los retos de la vida con calma y equilibrio. Al igual que la tortuga se retira a su caparazón para pensar y protegerse, tú también deberías encontrar tiempo para la meditación y la introspección, porque la verdadera fuerza no reside en la velocidad, sino en la paciencia, la perseverancia y el equilibrio.

Aprender a aprovechar tu sabiduría en tus elecciones diarias es la clave del éxito.

Práctica aconsejada: la llave de mi alma.

MAYORÍA DE RESPUESTAS «B»:

TE DEJAS GUIAR POR TU ENTUSIASMO

La vida es un viaje apasionante lleno de oportunidades que hay que aprovechar.

✦ ✦ ✦

El animal espiritual que podría ser tu guía es la enérgica liebre.

La liebre es famosa por su velocidad y su capacidad para escapar de los depredadores. Esta característica la convierte en un símbolo de alerta, rapidez de reflejos y capacidad para aprovechar las oportunidades sobre la marcha. Como la liebre que salta a la primera señal de peligro, nosotros también debemos estar preparados para adaptarnos a las situaciones cambiantes y reaccionar con la misma rapidez ante los retos de la vida. Debemos aprender a descifrar las señales que nos envía el universo y seguir nuestra intuición para tomar las mejores decisiones. Aplica tus habilidades y tu poder tanto a tu vida como a tu práctica mágica y déjate guiar por tus sentimientos, porque tu ilimitado poder personal puede ayudarte a alcanzar todos tus objetivos.

Práctica recomendada: repeler el mal.

Más allá del umbral de lo invisible

✦ ✦ ✦

Debido a su relación con las energías más oscuras del año, hoy en día Samhain se sigue viendo con temor, aunque los rituales, en su mayoría, están impregnados de antiguas prácticas populares para alejar la negatividad y celebrar el cambio.

CONEXIÓN: EL SANTUARIO DE LOS ANTEPASADOS

La celebración de los antepasados desempeña un papel fundamental en los rituales cotidianos y las prácticas mágicas de diferentes culturas de todo el mundo. Algunas de estas costumbres ancestrales se han abandonado, lo que ha supuesto una gran pérdida. Este vínculo nos permite conectar con nuestras raíces.

MATERIALES: Un farol con una vela, símbolos de nuestros antepasados (como fotos, recuerdos o una hoja de papel con sus nombres), un vaso de vino o licor, e incienso.

MÉTODO: Cuando se utilicen fotos, es fundamental asegurarse de que no aparezca ninguna persona viva, ya que, de lo contrario, habrá que recortarlas o desecharlas.

Elige un lugar de tu casa para dedicarlo a tus antepasados. Coloca con cuidado todos los objetos situando las fotos o los objetos simbólicos en el centro.

Enciende el incienso y dispersa el humo, después enciende la vela dentro del farol.

Ahora es el momento de establecer los vínculos. Para ello, recita el siguiente conjuro:

Tu sangre fluye dentro de mí,
de ti a mí viaja el tiempo,
los ancestros escuchan mi llamada,
yo, (di tu nombre), tu guía y apoyo busco.

Puedes realizar este ritual tantas veces como quieras. Te ayudará a establecer un vínculo cada vez más profundo con tus antepasados.

INTROSPECCIÓN: LA LLAVE DE MI ALMA

En magia, la llave se suele utilizar como objeto para «abrir» o «cerrar» energías específicas. Al bendecir este colgante, puedes utilizarlo para acceder más fácilmente a las energías en tu práctica mágica, y para tu despertar espiritual.

MATERIALES: Un colgante en forma de llave, un cuenco con agua, flores de lavanda, tiza blanca y una tela negra.

MÉTODO: Después de la puesta del Sol, extiende la tela negra ante ti y utiliza la tiza para dibujar un pentáculo, símbolo de fuerza y protección. En el centro, coloca el cuenco lleno de agua cristalina, en el que sumergirás el colgante y las flores de lavanda.

Cierra los ojos y respira profundamente. Visualiza una luz brillante, cálida y radiante como la del Sol que emana de tu pecho. Imagina que esta luz fluye por tus brazos y manos y llega hasta el colgante sumergido en el agua. Siente cómo la energía se conecta con el colgante, creando un vínculo invisible pero poderoso.

Ahora recita despacio tu hechizo:

Llave de los mundos,
proporciona acceso a mi magia.
Contigo hoy, invoco a mi alma.
Guía mi despertar.

Deja que el colgante repose en el agua durante 24 horas para que absorba por completo la energía mágica que has invocado. Transcurrido este tiempo, sácalo y sécalo bien. Ahora está listo para que lo lleves y amplifiques tu poder mágico.

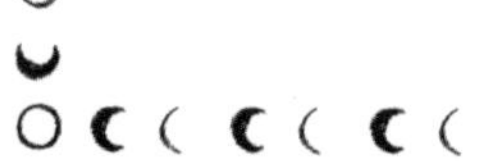

PROTECCIÓN: REPELER EL MAL

El espejo es un objeto cotidiano, pero puede utilizarse eficazmente en hechizos de protección aprovechando su superficie reflectante.

MATERIALES: Un espejo, una hoja de papel, un lápiz, una vela negra e incienso.

MÉTODO: Después de lavar y purificar con cuidado la superficie del espejo bajo un chorro de agua corriente, y de esparcir humo de incienso por toda su superficie, escribe en la hoja de papel una frase que exprese la protección que buscas. Las palabras deben ser concretas, indicando a quién o qué quieres alejar de tu vida.

Dobla el papel en cuatro y colócalo en la parte posterior del espejo (en el lado no reflectante).

Enciende la vela y, con mucho cuidado, empieza a dejar que la cera gotee lentamente sobre el papel. Cubre todo el papel de cera para que quede bien sellado en la parte posterior del espejo. Ten cuidado de no quemarte; para mayor seguridad, utiliza un palillo para no tocar la cera.

Mientras lo haces, recita mentalmente tu hechizo de protección:

Espejo protector, refleja el mal,
sé infranqueable, y atrás tendrá que ir.
Sé como un escudo, fuerte y seguro
contra toda amenaza, un muro impenetrable.

Una vez completado el ritual, tu espejo estará listo para ser colgado en tu casa con la superficie reflectante orientada hacia el exterior, hacia una ventana o puerta, según tu propio criterio.

El camino de Samhain a Yule

✦ ✦ ✦

La transición de una festividad a otra comienza durante el mes de noviembre, cuando nos encontramos ante un camino distinguido sobre todo por la energía de Escorpio, regido por Plutón, dios del inframundo y de la transformación. Esta fase simboliza nuestro descenso a las profundidades del subconsciente y el posterior ascenso a una conciencia superior.

Alimentando esta parte de nuestra alma, podemos amarnos de verdad y evolucionar.

Escorpio es el signo de una naturaleza dual: por un lado, simboliza la pasión y la capacidad de afrontar retos; por otro, su capacidad de regenerarse significa transformación.

Estamos a merced de un vals eterno, y cada día aprendemos nuevos pasos. Con cada ciclo resurgimos de nuestras cenizas como el ave fénix, que es la profunda lección que nos enseñan; y con esta sabiduría, avanzamos.

El tema principal de esta fase es: no podemos quejarnos de los problemas del mundo si somos un engranaje de esa perdición.

Esto es lo que puedes hacer para vivir correctamente y aprender a controlar este poder:

✦ Medita mirando la llama de una vela.
✦ Coloca cuatro bolsas de sal alrededor de tu cama como protección.
✦ Antes de acostarte, tómate una infusión relajante con manzanilla, melisa y lavanda.
✦ Planifica tu día y celebra tus triunfos.
✦ Lleva clavos de olor dentro de una bolsa como protección.
✦ Se consciente de la gente que te rodea; no te dejes llevar por los cotilleos.
✦ Cuida tu cuerpo bañándote en aceites esenciales purificantes.

Recuerda: La verdad es que estamos en este mundo para cumplir un propósito, aunque aún no lo sepamos.

Yule

✦ ✦ ✦

SOLSTICIO DE INVIERNO

20-21-22 DE DICIEMBRE

El renacimiento del Sol de invierno

✦ ✦ ✦

En el gélido corazón de diciembre, cuando las noches son más largas y reina la oscuridad, se enciende una de las fiestas más alegres y brillantes del año: Yule. Es una celebración ancestral arraigada en la tradición de los pueblos germánicos, que ha sobrevivido a través de los siglos y sigue aportando calor y esperanza. Yule es el momento en que la luz vuelve a triunfar sobre la oscuridad. El solsticio de invierno, con sus días cortos y sus noches profundas, marca una etapa con la menor cantidad de luz solar, pero al mismo tiempo representa la promesa de nuevos comienzos.

Los días empezarán a alargarse;
la vida se reanudará y florecerá la esperanza.

Yule es una fiesta rica en simbolismo y tradiciones europeas que se han entrelazado a lo largo del tiempo. Las grandes hogueras, antaño protagonistas de las celebraciones, se encarnan hoy en las velas encendidas en los hogares para iluminar la oscuridad y calentar los corazones. El tronco de Navidad que arde en la chimenea en Nochebuena evoca el tocón sagrado al que se prendía fuego para favorecer la fertilidad y el renacimiento. Yule, conocida en la antigüedad como Jul, sufre una profunda transformación con la llegada del cristianismo. Algunas de sus tradiciones se asimilan a las celebraciones navideñas mezclando lo antiguo y lo moderno. Prueba de estos vínculos son símbolos paganos como el árbol de Navidad, que aún hoy se instala en los hogares. Esta costumbre representa la tradición campesina de proteger la vida acogiendo un árbol de hoja perenne en el propio hogar y convirtiéndose así en sus guardianes. Con el tiempo, esta costumbre fue absorbida por las celebraciones católicas, dando lugar a un sincretismo que atestigua la persistencia de antiguos rituales y creencias a lo largo de los siglos.

Celebrar la helada

✦ ✦ ✦

Yule es tiempo de compartir y de alegría, una época en la que la familia y los amigos se reúnen para celebrar el regreso de la luz, honrar a los antepasados y mirar con confianza al futuro. Es una celebración que va más allá de lo espiritual; es una oportunidad para estrechar los lazos terrenales con la gente que nos rodea.

Al igual que durante Samhain honramos el vínculo con nuestros antepasados (sangre de nuestra sangre), Yule celebra nuestra «comunidad», las personas con las que compartimos nuestra vida cotidiana. Son los que elegimos como compañeros de viaje, con los que forjamos relaciones profundas y mutuas.

En esta época, les ofrecemos regalos como símbolo de gratitud por su presencia en nuestras vidas.

Organizamos banquetes para celebrar el tiempo que pasamos juntos, con la esperanza de que este vínculo perdure durante mucho tiempo. Yule es un tiempo para contemplar la naturaleza, que en esta época reduce su vitalidad en preparación para un renacimiento. Todo a nuestro alrededor se asienta, adquiriendo tonos más oscuros. Las primeras nieves comienzan a cubrir las regiones más frías, un manto helado que la Madre Tierra extiende para cobijar la vida futura. Los humanos también ralentizamos nuestro ritmo, y en estos días redescubrimos el valor del «vivir lento». Pero ¿cómo podemos restablecer este ritmo natural en un mundo tan agitado?

En nuestra cultura, la palabra «lento» adquiere a menudo connotaciones negativas al asociarse con la pereza y la baja productividad. Yule nos pide que rechacemos esta idea.

Reducir la velocidad no equivale a perder oportunidades; al contrario, nos permite apreciar la belleza de los detalles que a menudo pasamos por alto. A veces, las experiencias más mágicas se revelan a través de acciones sencillas, como tomar un té de hierbas en presencia de un gato.

Aliento de invierno

✦ ✦ ✦

LA ENERGÍA DEL MES

Esta fase del año está impregnada de una atmósfera de expectación y transformación. Todo parece paralizarse; algunas leyendas dicen que los espíritus negativos vagan por el mundo en los días más fríos y ventosos. Estas historias pretendían advertir a los más jóvenes de los riesgos del invierno; por eso, los hechizos se centran principalmente en rituales para proteger y desarrollar el poder personal.

LUNA LLENA

La Luna llena, influenciada sobre todo por la energía del solsticio de invierno, es una Luna que habla del despertar del poder personal. En esta época del año, es importante despertar la propia energía y potencial para contrarrestar la tendencia energética del momento, que nos lleva a estar más estáticos.

Durante esta fase, se pueden realizar hechizos para atraer la buena suerte.

Un ingrediente relacionado con esta fase del año es la naranja. Añade unas monedas de cobre y una cáscara de naranja a un tarro y exponlo a la luz de la Luna. Este hechizo te ayudará a atraer la abundancia a tu vida.

LUNA NUEVA

La Luna nueva que sale cerca del solsticio de invierno es una Luna a la que se le pueden confiar los rituales de protección y destierro necesarios para alejar las pesadas energías presentes en esta época específica del año.

Haz unos amuletos protectores invocando la ayuda del poder de la naturaleza.

Una planta especialmente vinculada a las tradiciones de esta época es el acebo. Según el folclore europeo, sus hojas espinosas mantienen a raya las energías negativas. Durante la Luna nueva, coloca una corona de acebo en el exterior antes de colocarla en la puerta de tu casa.

XII
EL COLGADO
XVIII
LA LUNA

Conservar la propia energía

✦ ✦ ✦

PARA NO MALGASTAR LA PROPIA ENERGÍA, hay que comprender cómo se hace mal uso de ella, a fin de intervenir y rectificar esta naturaleza cíclica que, a la larga, sólo causa perjuicios. Responde a estas preguntas de forma sincera e instintiva.

✦ ***Te encuentras en una situación complicada y decides invocar un hechizo para romper tu vínculo con algo perjudicial. Te centras en:***

A. El estrés causado por tu trabajo; todas esas preocupaciones drenan tu energía.

B. Tu miedo a no poder obtener los resultados que deseas; tus expectativas son excesivamente altas.

✦ ***Estás meditando. Mientras te diriges a un lugar seguro de tu mente, ves ante ti:***

A. Un bosque silencioso cubierto de nieve y una acogedora chimenea para calentarte.

B. Una playa de arena brillante, con las olas rompiendo suavemente contra la orilla.

✦ ***Se te ha concedido un deseo. ¿Qué pides?***

A. Mucho dinero para poder vivir bien e incluso permitir una vida desahogada a los miembros de tu familia.

B. El amor verdadero de las personas que eligen estar a tu lado, incluso ante la adversidad.

✦ ***Estás barajando una baraja de tarot y seleccionas una carta para visualizar tus problemas. Ante ti aparece:***

A. El Colgado. Te sientes coaccionado ante una situación que te incomoda y no sabes cómo salir de ella.

B. La Luna. Te das cuenta de que las personas que te rodean están siendo poco sinceras, y esto te causa angustia.

✦ ***Decides seguir la energía del momento y empiezas a ir más despacio. ¿Qué situación te resulta más difícil?***

A. Marcarte un ritmo. Te preocupa que la gente piense que eres muy perezoso.

B. Necesidad de descansar. Temes que, si paras, no serás capaz de volver a empezar.

MAYORÍA DE RESPUESTAS «A»:
LO QUE PIENSAN LOS DEMÁS

Liberarse del miedo a ser juzgado es abrazar la propia esencia.

✦ ✦ ✦

Hay un monstruo acechando en las sombras, listo para aplastar nuestras almas con sus garras heladas: el miedo al juicio de los demás. Actuamos con torpeza e inseguridad, tratando de satisfacer las expectativas de quienes nos rodean.

Pero ¿quiénes son esos jueces implacables? Personas imperfectas como nosotros. Seres humanos en continua evolución, que cambian de opinión, cometen errores y evolucionan a lo largo de su vida.

Entonces, ¿por qué darles el poder de definir quiénes somos? La verdad es que nadie estará nunca completamente satisfecho con nosotros. Todos somos diferentes, con matices que nos hacen especiales; y precisamente esa singularidad es nuestra fuerza.

Ritual recomendado: el toque de campanas.

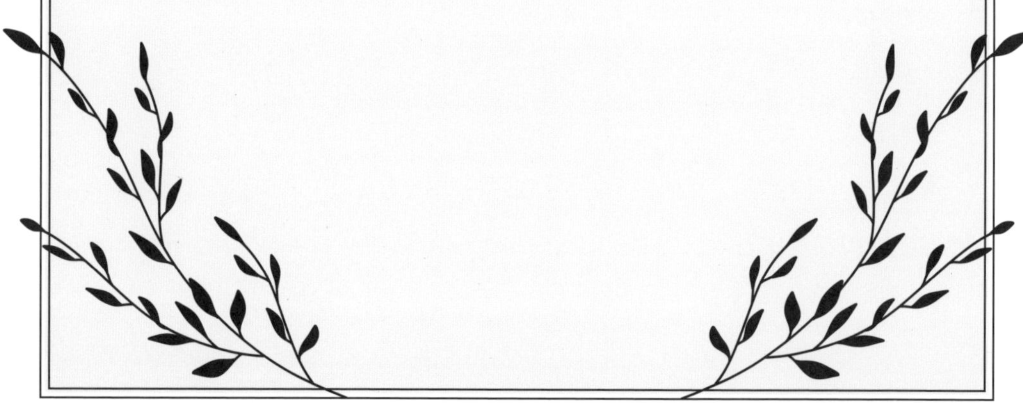

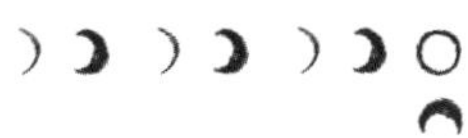

MAYORÍA DE RESPUESTAS «B»:
TU AUTOCRÍTICA CONSTANTE

Ser comprensivo con uno mismo no significa conformarse con la mediocridad.

✦ ✦ ✦

¿Sientes alguna vez un frío helado que te oprime el pecho? ¿Una voz interior que te regaña implacablemente? Si es así, sabes lo que se siente al ser demasiado duro contigo mismo. Por supuesto, la autocrítica puede ser una herramienta útil para mejorar. Te empuja a dar lo mejor de ti mismo, a aprender de tus errores y a crecer como persona. La autocrítica excesiva, sin embargo, se convierte en un enemigo implacable que nos conduce a un círculo vicioso de inseguridad. Perseguir la perfección es como perseguir una ilusión. No existe el ser humano perfecto, e intentar serlo sólo nos expone a la frustración y a la decepción. La verdadera fuerza no reside en el rigor, sino en la bondad hacia uno mismo. Aprender a aceptar las propias limitaciones, a perdonar los propios errores y a reconocer los propios esfuerzos, ésa es la clave de la verdadera superación.

Ritual recomendado: el tronco de Yule.

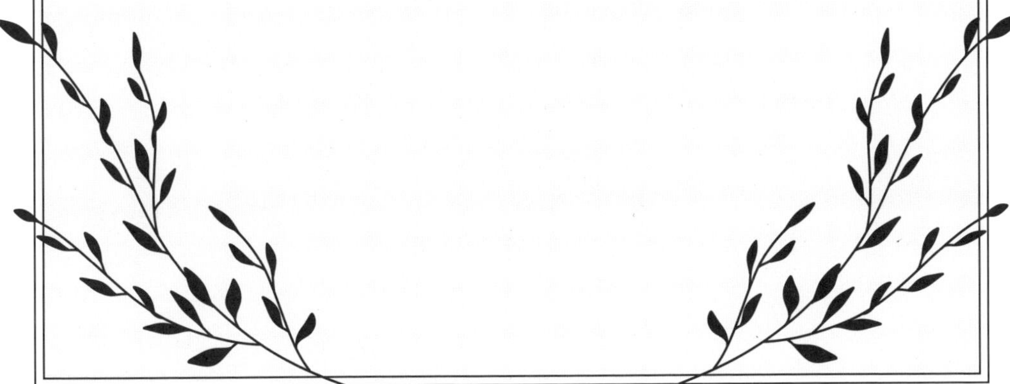

El retorno de la magia

✦ ✦ ✦

Descubramos juntos algunos rituales que pueden ayudarnos a despertar la magia de esta fase del año.

CONEXIÓN: EL TRONCO DE YULE

Hagamos una versión del tronco de Yule para representar el retorno de la luz que sigue a la oscuridad del invierno, simbolizando el renacimiento del Sol y las esperanzas en el nuevo año.

MATERIALES: Unas ramitas de abeto, piñas, rodajas de naranja seca, un tarro, una vela de té, un plato.

MÉTODO: Para atraer la energía positiva, utiliza el plato para hacer un centro de mesa festivo decorativo que también puedas utilizar en las cenas familiares. Coloca el tarro con la vela en su interior en el centro del plato y empieza a decorar el espacio a su alrededor, alternando las ramitas de abeto, que representan la resistencia del árbol de hoja perenne durante el invierno, y las piñas, que representan la fertilidad y se asocian con la Gran Madre, así como las rodajas de naranja seca, cuyo aroma y color recuerdan la energía del Sol. Disfruta elaborando tu decoración; y una vez terminada, enciende la vela y utiliza tu hechizo para invocar estos poderes:

Con esta luz que titila y brilla
renuevo el vínculo que me une a la naturaleza.
Sus poderes me envuelven y me llenan,
el Sol y la vida bendicen mi casa.

Tu tronco de Yule ya está listo; sustituye la vela del tarro según sea necesario para mantener la llama encendida durante los días centrales de la fiesta y, a través de ella, tu conexión con las costumbres ancestrales.

PURIFICACIÓN: EL TOQUE DE CAMPANAS

En el folclore europeo, las campanas de metal tienen el poder de disipar la energía negativa y son una herramienta útil en nuestros hechizos.

MATERIALES: Una o varias campanas de metal, aceite esencial de menta, una rama de canela, una ramita seca de romero, agua.

MÉTODO: Antes de utilizar tu instrumento, es importante limpiarlo con cuidado. Por eso, empieza colocando la campana bajo el grifo durante unos minutos. Mientras lo haces, visualiza que el poder del agua elimina cualquier negatividad del objeto. Ahora, tras haber secado con cuidado la campana, utiliza un mechero para quemar la rama de canela y la ramita de romero, esparciendo el humo sobre la campana y visualizando cómo este proceso eliminará cualquier residuo de energía negativa dentro de ella. Coloca unas gotas de aceite esencial en tu dedo índice y recita tu hechizo para bendecirla:

Campana de metal forjado,
a partir de hoy serás un instrumento mágico.
Tu timbre cristalino, que se esparce por el aire,
disuelve instantáneamente la negatividad.

Frota aceite en la campana para que deje de ser un objeto cotidiano y se convierta oficialmente en un instrumento mágico con el que podrás disipar cualquier energía negativa presente tocando su melodioso sonido.

ESPÍRITUS DE LA NATURALEZA: EL GUARDIÁN DEL BOSQUE

Quienes practican la magia, en sintonía con los poderes naturales, reconocen la encarnación de una entidad sagrada. Se cree que cada paraje natural está habitado por un guardián que cuida de los animales y los espíritus de ese lugar. Conectar con tales poderes es una forma de obtener protección.

MATERIALES: Frutos secos, manzanas, alpiste, un tarro pequeño de miel, una bolsa de papel.

MÉTODO: Coloca todos los ingredientes dentro de la bolsa de papel y, a la luz del día, ve a un lugar natural alejado de la gente. Es importante que elijas un lugar donde te sientas cómodo y no te interrumpan durante la práctica. Mientras caminas, esparce tus ofrendas con la miel y concéntrate en la energía que te rodea.

Con esta acción sencilla y llena de amor, mostrarás tu bondad a los espíritus de la naturaleza.

Cuando hayas terminado tus ofrendas, preséntate humilde y respetuosamente al guardián del lugar recitando este breve conjuro:

Espíritu ancestral, gran y antiguo guardián,
te ofrezco estos dones con un corazón humilde y agradecido.
Vela sobre mí, oh, poderoso espíritu;
en la oscuridad y en la luz, que siempre estés presente.

Intenta determinar tus sentimientos. Si son positivos, tus ofrendas han sido aceptadas; si te sientes incómodo, detente y vuelve a intentarlo más tarde.

El camino de Yule a Imbolc

✦ ✦ ✦

PARA LLEGAR A IMBOLC partiendo de la energía del solsticio de invierno, nos encontramos ante el primer mes del año del calendario gregoriano: enero.

En el pensamiento popular, enero es el mes en el que todo vuelve a empezar; y con el nuevo año, todos los deseos vuelven a ser posibles. En este momento, es importante no llevar con nosotros la energía del pasado, porque no podemos renovarnos si permanecemos anclados en la forma en que éramos.

Si deseamos algo nuevo primero debemos cambiar la realidad de nuestra mente.

El signo del Zodíaco que nos enseña cómo afrontar este desapego es Capricornio, que está representado por una cabra con cola de pez. Este símbolo nos recuerda que, para desprendernos realmente del pasado, debemos hacerlo de forma despreocupada y con tranquilidad. Trabajar estos sentimientos es clave para empezar bien el nuevo año.

En esta etapa, el tema principal es: ante todo, para cambiar tu vida, debes estar preparado para el cambio.

Cómo poner en práctica esa transformación:

- ✦ Retira de tu casa todos los objetos que ya no necesites o que desprendan energía negativa.
- ✦ Tómate tiempo para leer y ampliar tus conocimientos.
- ✦ Ante un obstáculo, no reacciones impulsivamente: recupera tu agudeza mental concentrándote en tu respiración durante unos segundos.
- ✦ Afronta los problemas de la vida de uno en uno; piensa qué estrategia poner en marcha.
- ✦ Sé generoso: si ves que alguien tiene dificultades, ayúdale sin buscar nada a cambio.
- ✦ Si tu mente sigue dándole vueltas al pasado, desvía tu atención; no cedas a tus pensamientos.

Recuerda: si algo de tu pasado persiste, es porque no es digno de formar parte de tu futuro.

Imbolc

✦ ✦ ✦

FIESTA DE LA CANDELARIA

31 DE ENERO - 1-2 DE FEBRERO

Para renacer, dejo ir

✦ ✦ ✦

ATRAVESANDO EL LARGO CAMINO NEVADO, nos topamos con un claro tímidamente iluminado por el Sol; los rayos derriten el manto blanco del que surgen, los príncipes de febrero, las campanillas de invierno.

Ésta es la entrada de Imbolc en la rueda del año, durante el gélido corazón del invierno.

Imbolc representa una pausa, con su posición transitoria entre la oscuridad del invierno y el primer resplandor cálido de la primavera.

Abundan las teorías sobre el verdadero origen del nombre de la festividad; la más citada es Imbolg, que en gaélico antiguo significa «dentro del útero».

Este nombre hace referencia a la energía que en esta época del año yace latente en el vientre de la Madre Tierra, asomándose de vez en cuando.

Se nos pide que experimentemos su energía con calma y en silencio, porque la belleza de las cosas se revela mientras esperamos.

Imbolc, a menudo asociado con la tradición de la Candelaria o de Oimelc, tiene la misión de remover y despertar la espiritualidad de la gente; presagia la restauración de la vida y es el presagio del regreso del Sol.

Oimelc, que significa «leche de oveja», tiene sus raíces en la tradición campesina; la leche producida por el rebaño servirá también para alimentar a la comunidad y, como tal, es lo bastante importante como para justificar una celebración.

La Candelaria, nombre comúnmente utilizado para la fiesta católica del 2 de febrero, está vinculada a las costumbres de purificación de la antigua Roma.

En el neopaganismo, la magia del *sabbat* evoca estas tradiciones incluyendo en las celebraciones la bendición de las velas que se utilizarán a lo largo del año, el encendido de las luces para simbolizar el lento despertar del Sol y rituales de purificación.

Sacrificio y purificación

✦ ✦ ✦

Con Imbolc, el débil Sol se revela lentamente mientras la Tierra inmóvil se agita bajo el suelo helado. El impulso de la naturaleza es despertar del letargo invernal, pero lo hace con el ritmo lento y silencioso de una semilla que desarrolla sus raíces.

La energía de este *sabbat* es sobre todo introspectiva. No es una explosión repentina, sino más bien un lento crescendo, un susurro que se hace cada vez más fuerte.

A pesar de su ímpetu de renacimiento, en esta fase la naturaleza sigue teniendo el aspecto austero del invierno. Puede que haga un frío glacial, que el viento esté helado y que los campos sigan cubiertos de nieve, pero nada de eso puede detener el eterno ciclo de transformación.

La llegada de febrero era un momento para alegrarse de haber sobrevivido al invierno, que requirió considerables esfuerzos y privaciones.

A pesar de los desafíos, en esta época la gente se preparaba para el trabajo agrícola que les esperaba y que garantizaría su supervivencia en los meses siguientes y, por esta razón, la fiesta se solapa con las costumbres y el folclore campesinos.

Para garantizar que un esfuerzo tan masivo cosechara sus frutos, en esta época era importante disipar cualquier tipo de negatividad, razón por la cual el agua desempeña un papel tan importante.

Debido a su flujo incesante, en el imaginario colectivo simboliza un poderoso ciclo capaz de purificar y liberar a las personas de la energía estancada y negativa que las agobia.

Su poder también está vinculado a las emociones. Al igual que una sirena explora las profundidades del mar en busca de un tesoro hundido, el agua se filtra en el abismo de nuestro ser, disolviendo bloqueos y sacando a la superficie nuestros sentimientos más preciosos y puros.

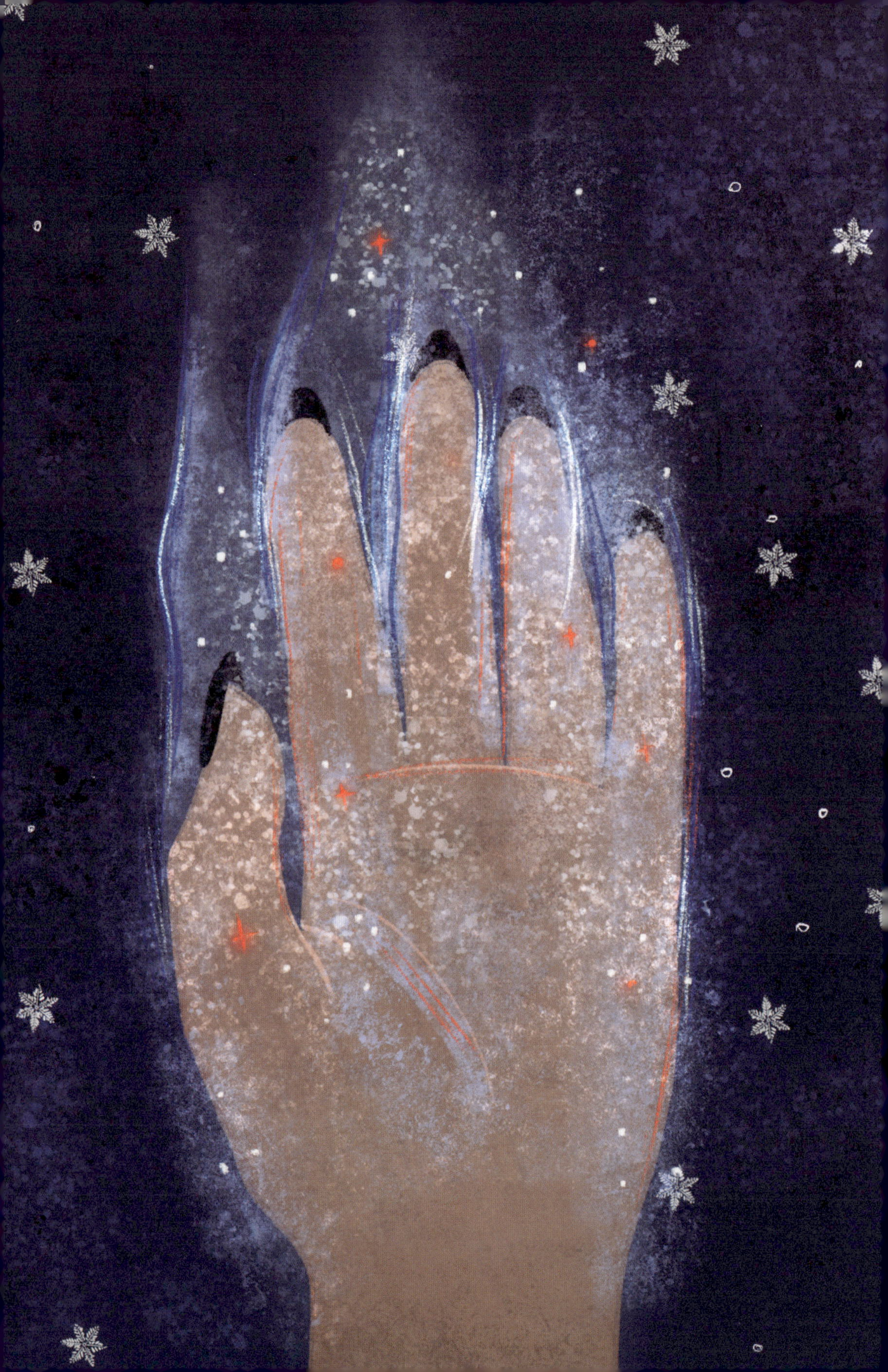

Pensamiento independiente

✦ ✦ ✦

LA ENERGÍA DEL MES

Febrero está asociado a Acuario, un signo zodiacal caracterizado por la independencia y la visión. La energía de este signo nos guía para comprender la importancia de actuar de acuerdo con nuestros valores, sin necesidad de ajustarnos a las normas convencionales. Este mensaje refleja la influencia de Imbolc, dado que nos encontramos en una fase de definición de nuestra identidad, justo cuando la naturaleza vuelve lentamente a la vida.

LUNA LLENA

En el segundo mes del año, la energía lunar se manifiesta de forma introspectiva e inmaterial. Debemos aferrarnos firmemente a nuestras ideas y centrarnos en realizar nuestros sueños, que personifican la chispa de nuestros deseos.

Durante esta fase, céntrate en trabajar con la magia de los sueños para fomentar su realización.

Crear un amuleto para respaldar tus sueños es sencillo: basta con combinar tres cucharadas de manzanilla seca y una amatista. Cárgalo con energía lunar durante la noche y colócalo junto a tu cama; favorecerá el sueño y te ayudará a realizar tus deseos.

LUNA NUEVA

Durante este mes utilizamos la energía para atraer la fuerza a nuestras vidas, dedicándonos a limpiar nuestros instrumentos mágicos, como los cristales y las herramientas de adivinación.

Durante la Luna nueva, bendice algunos ingredientes que vayas a utilizar en rituales de limpieza.

Para hacer una infusión, pon un poco de cáscara de ajo en un frasco de aceite y déjalo toda la noche para que absorba la energía de la Luna. Puedes utilizar unas gotas de este aceite en un paño para limpiar y purificar objetos energéticamente, teniendo cuidado de evitar el contacto con superficies delicadas y con la piel.

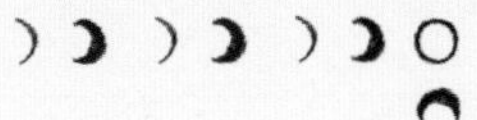

La conexión del espíritu

✦ ✦ ✦

Cuando estamos en una fase de renacimiento, la naturaleza nos enseña la importancia de comprender nuestra conexión con las energías pasadas y futuras. Concéntrate y responde a las preguntas seleccionando lo que más resuene con tu alma.

✦ ***A mucha gente le fascina la magia. En tu opinión, ¿qué implica seguir este camino?***

A. Es sumergirse en un mundo rico en sabiduría, se pueden redescubrir antiguas tradiciones.

B. Cambiar la propia vida aprendiendo sobre la energía mediante el estudio y el compromiso.

✦ ***Tienes que crear un jardín, y puedes elegir las plantas con la certeza de que prosperarán. ¿Por cuáles optas?***

A. Hierbas medicinales y aromáticas que puedan utilizarse en infusiones.

B. Plantas y flores exóticas de colores brillantes y aromas embriagadores.

✦ ***Con el tiempo, los que trabajan con la magia suelen crear su propio libro de las sombras, un tomo en el que anotan los hechizos y las notas de sus estudios. ¿Cómo te imaginas el tuyo?***

A. Un gran diario, encuadernado en cuero con sellos grabados y delicadamente pintados.

B. Un libro con una cubierta de colores, lleno de páginas decoradas a mano.

✦ ***Necesitas hacer un conjuro de protección, así que decides hechizar una joya que puedas llevar todos los días. ¿Qué utilizas?***

A. Un collar con piedras de color oscuro que encierren misterio y elegancia.

B. Un collar hecho con colgantes de metal, conchas y cuentas de madera.

✦ ***Estás cruzando un camino en un lugar nevado. Llegas a un cruce de caminos. ¿Qué camino eliges?***

A. Un camino de piedras lisas que, al mirar atentamente, te das cuenta de que conduce a una aldea medieval donde puedes encontrar un alojamiento confortable.

B. Un camino pavimentado que conduce a un restaurante bien iluminado. Sin duda, aquí podrás tomar una comida caliente y reconstituyente.

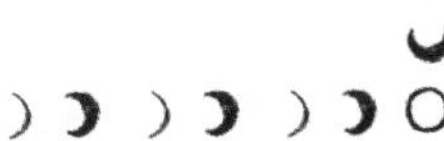

MAYORÍA DE RESPUESTAS «A»:
LA SABIDURÍA DEL PASADO

Sumergirse en el pasado no significa renunciar al futuro, sino construir sobre cimientos sólidos.

✦ ✦ ✦

Las experiencias de quienes nos precedieron nos enseñan a no repetir los mismos errores, a valorar nuestros éxitos y a afrontar con confianza los nuevos retos. Conectar con el pasado nos permite redescubrir nuestras raíces y comprender nuestra identidad. Es un viaje de conocimiento y crecimiento personal, porque es a través de la historia de nuestra familia o de los pueblos antiguos como podemos adquirir una gran sabiduría, aunque hay que recordar que no debemos atarnos al pasado. No podemos vivir eternamente entre recuerdos: necesitamos impulsarnos hacia el futuro con valor y determinación. La energía del pasado nos da estabilidad y conocimiento, aunque son nuestras acciones presentes las que determinan nuestro destino.

Ritual recomendado: deja que fluya.

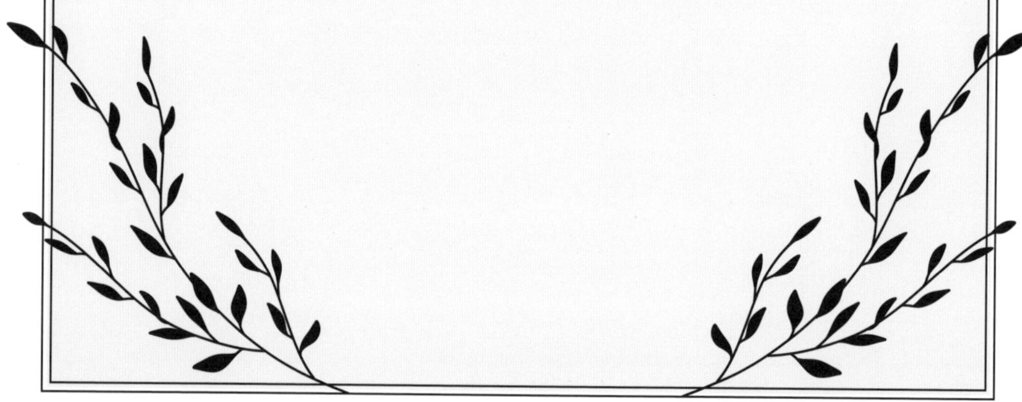

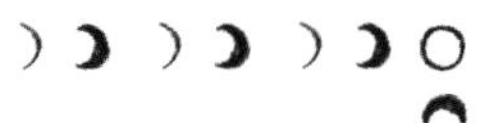

MAYORÍA DE RESPUESTAS «B»:
UNA VERSIÓN DEL FUTURO

El futuro es un lienzo en blanco para pintar con los colores de nuestros sueños.

✦ ✦ ✦

Soñar con el futuro no equivale a escapar de la realidad, sino a ampliar los límites de lo posible y dar forma al mundo que queremos. El futuro no es un lugar predeterminado, sino una oportunidad para soltar las limitaciones actuales y volar hacia horizontes ilimitados, donde todo es posible. El futuro es una oportunidad para dejar una marca indeleble en el mundo; depende de nosotros decidir qué tipo de marca será y qué aportará al mundo. La clave es tener siempre presente que, para crear lo que está por venir, debemos actuar hoy, ya que nuestras acciones conforman nuestro destino. Cada pensamiento, cada palabra es energía, así que elige con cuidado qué energías alimentarán y definirán la versión de ti del mañana.

Ritual recomendado: el muro de hielo impenetrable.

N
O
S

La magia de la transformación

✦ ✦ ✦

Las prácticas mágicas relacionadas con Imbolc son muchas, y generalmente recuerdan los poderes del agua y del fuego. Redescubramos juntos estos magníficos rituales que nos acompañarán en nuestro viaje a través de la rueda del año.

CONEXIÓN: EL ESPÍRITU DEL FUEGO

El fuego es un elemento dinámico y siempre cambiante que adquiere gran importancia en muchas tradiciones diferentes. Canalizamos la energía de Imbolc para atraer su espíritu a tu hogar.

MATERIALES: Una vela grande, cuatro velas de té, cerillas, aceite esencial de canela, una brújula.

MÉTODO: Coloca la vela grande en el centro de una mesa y, con ayuda de la brújula, identifica los cuatro puntos cardinales a su alrededor. Procura identificar con precisión el norte y, a continuación, coloca una vela de té en cada punto: norte, sur, este y oeste. Frota unas gotas de aceite en la parte inferior de la vela grande y, con mucho cuidado, imita la transferencia de la energía del fuego: primero, enciende la vela grande; después, utilizando las cerillas, transmite su llama a las velas de té, que dejarás que se consuman por completo. Realiza este proceso empezando por el norte y moviéndote en el sentido de las agujas del reloj para atraer la energía.

Mientras lo haces, di:

Desde el norte, desde el este, desde el sur, desde el oeste,
espíritu del fuego, solicito tu atención.
Te invito y te doy la bienvenida a este lugar,
a través de esta vela ven en mi ayuda.

Cuando hayas terminado, tu vela estará bendecida y podrás reutilizarla en otros rituales para conjurar la magia del espíritu del fuego en tu ayuda.

PURIFICACIÓN: DEJAR FLUIR

El agua es un elemento purificador que al mismo tiempo nos permite entrar en contacto con nuestras emociones. Realiza este baño ritual para conectar con su poder.

MATERIALES: Un cuenco de agua, pétalos de rosa, granos de arroz, aceite esencial de lavanda, tres cucharadas de sal marina.

MÉTODO: Coloca todos los ingredientes en el cuenco de agua y remuévelos tres veces en el sentido contrario a las agujas del reloj. El agua debería impregnarse de agradables aromas que liberen su magia.
Ahora pon las palmas de las manos en contacto con el agua y lanza un hechizo sobre ella diciendo:

Exploro sin miedo el abismo de mi alma.
Ahora libero todos los sentimientos
que me impiden vivir libremente.

Espera unos instantes manteniendo los ojos cerrados y escuchando a tu corazón. Profundiza en tus sentimientos, ¿qué te causa dolor? ¿Qué te impide afrontar tu vida libremente?

Siente cómo esas emociones fluyen desde tu cuerpo, a través de tus manos y hacia el agua, como si ya no te pertenecieran.

En esta fase, procede con calma, sin contener tus emociones; deja que fluyan tus lágrimas si sientes la necesidad de llorar.

Una vez completado este proceso, da las gracias al universo por el regalo que te ha hecho, luego ve fuera y tira el agua.

Al desechar el agua, estás liberando tus emociones negativas en los brazos del universo.

PROTECCIÓN: EL MURO INFRANQUEABLE DE HIELO

La nieve es un elemento muy utilizado en las prácticas mágicas del folclore del norte de Europa. Su pureza y frialdad se asocian al poder de alejar lo que puede causarnos daño. Hoy en día, como encontrar nieve puede ser difícil, el hielo resulta un sustituto válido.

MATERIALES: Un vaso, hielo, una hoja de papel, un rotulador.

MÉTODO: Utiliza el rotulador para escribir en la hoja de papel aquello para lo que buscas protección: podría ser alguien del trabajo que te causa estrés o alguna situación desafiante que te incomoda; alternativamente, si no estás seguro de cómo expresar claramente tu propósito, escribe simplemente las palabras «energía negativa».

Llena el tarro de hielo y dobla con cuidado el papel. Mételo dentro del tarro, procurando colocarlo en el centro: lo ideal es que el papel esté rodeado de cubitos de hielo.

Ahora recita el conjuro:

Agua transformada en hielo puro,
aleja lo oscuro de mi camino.
Ahora protegido del mal
puedo liberar mi espíritu.

Deja que el hielo se derrita lentamente. Una vez completado este paso, sin tocarlo directamente, comprueba en el papel si lo que has escrito se ha vuelto ilegible. Si sigue siendo legible, debes repetir el ritual; si es ilegible, el hechizo ha funcionado y puedes tirar el agua.

El camino de Imbolc a Ostara

✦ ✦ ✦

DURANTE ESTE MOMENTO DE TRANSICIÓN, LA ENERGÍA permanece aletargada y centrada en la inactividad: es una oportunidad para bajar el ritmo, ahorrar fuerzas y meditar. En un mundo acelerado, en el que todo debe hacerse con rapidez, este mes brinda la oportunidad de redescubrir el valor de la quietud y del propio ritmo interior.

Escuchar al cuerpo y al alma es fundamental. Debemos tomarnos nuestro tiempo para descansar, recargar las pilas y volver a conectar con nuestro interior.

Recordemos que la espera no es una pérdida de tiempo, sino una valiosa oportunidad para crecer y prepararnos para nuevos retos.

No nos angustiemos: practiquemos escuchar a nuestro cuerpo; y hagamos lo que nos parezca positivo, sin prisas ni estrés.

El tema principal de esta fase es encontrar nuestro ritmo interior, ya que es la única manera de experimentar plenamente el despertar de la energía.

Para abrazar plenamente esta energía, esto es lo que puedes hacer:

- ✦ Creatividad: expresarte creativamente es una forma estupenda de liberar el estrés y las emociones negativas.
- ✦ Un día de desintoxicación digital: elige un día a la semana para renunciar a teléfonos móviles, ordenadores y redes sociales.
- ✦ Respiración consciente: dedica unos minutos a concentrarte en tu respiración. Puede ayudarte a calmar la mente y reducir el estrés.
- ✦ Sueño de calidad: instaura una rutina nocturna relajante antes de acostarte.
- ✦ Música: escucha música que te relaje o te haga sentir bien.
- ✦ Lectura: dedica tiempo a leer un libro que te apasione o te inspire.
- ✦ Un baño relajante: date un baño caliente con aceites esenciales para relajar tu cuerpo y tu mente.

Recuerda: la lentitud no equivale a pereza, sino a conciencia y amor propio.

Ostara

✦ ✦ ✦

EQUINOCCIO DE PRIMAVERA

20-21-22 DE MARZO

El renacimiento del «verdadero yo»

✦ ✦ ✦

EN EL HEMISFERIO NORTE, el equinoccio de primavera se produce en marzo, un mes caracterizado por una energía efervescente y caótica. En esta época, todo parece cambiar a un ritmo sorprendente.

Los días se arremolinan, alternando tormentas y Sol; los árboles vestidos con sus mejores brotes estallan de repente, dando color al mundo.

Los animales, despertando de su letargo, reconquistan los bosques, los cielos y el campo.

El equinoccio es el momento del año en que la batalla entre la luz y la oscuridad se resuelve en equilibrio. Las dos fuerzas están en éxtasis; en este día ninguno de los rivales prevalece sobre el otro.

Y, en esta ocasión exacta, tiene lugar la magia eterna: la Madre Naturaleza nos llama, y su encanto es tan potente que incluso sacude las almas de los que aún duermen.

Despierta y lucha; necesitas renacer.
Te encuentras en una encrucijada y debes dar el primer paso.
Éste es el momento de elegir en quién quieres convertirte.

En el pasado, el despertar de la tierra constituía un acontecimiento importante, ya que el destino de la cosecha era clave para la supervivencia de pueblos enteros.

Por eso seguimos celebrando rituales propiciatorios transmitidos a lo largo de los siglos, cuyo objetivo es tanto atraer la abundancia como disipar la energía del año viejo.

En varios lugares del mundo, la limpieza de primavera se lleva a cabo dentro del hogar, una tarea mágica, en la que se limpian y reorganizan física y energéticamente todas las habitaciones.

Ostara es el mejor momento para los nuevos comienzos: igual que un invitado se limpia los zapatos antes de entrar en casa, estamos llamados a limpiarnos de la «suciedad» de la negatividad antes de entrar en esta nueva fase de nuestras vidas.

Con raíces fuertes es hora de florecer

✦ ✦ ✦

La fase de la rueda del año que marca la llegada del equinoccio de primavera coincide con la magia del despertar a la vida y el misterio del renacimiento.

La palabra «Ostara» tiene su origen en el nombre anglosajón de la diosa Eostre; sin embargo, según teorías alternativas de la raíz indoeuropea, deriva del término «brillar» o «amanecer». Se cree que esta tradición es anterior a la Pascua y que sus rituales arcaicos relacionados con la tierra, la cosecha y los espíritus de las hadas recuerdan su esencia sumergiéndonos en el flujo de energía mágica que honra el retorno de la vida y la abundancia.

Energéticamente, esta fiesta llega al comienzo de la transformación del reino natural. En el cielo, los pájaros cantan frenéticamente mientras preparan los nidos en los que criarán a sus retoños; en las praderas, los cachorros son amamantados. Todo cambia y cada día parece distinto del anterior.

La magia de la metamorfosis está a nuestro alrededor y en cada una de nuestras respiraciones.

Al final del invierno, los seres humanos se sienten impulsados hacia la libertad. Están llamados a moverse suavemente dentro del flujo de la transmutación, en busca del equilibrio, dado que en este equilibrio encontrarán su fuerza.

Hoy en día, todavía encontramos tradiciones transmitidas del pasado que honran este acontecimiento cósmico con el uso de símbolos antiguos: huevos pintados, que también se utilizan en la Pascua católica; estatuas de liebres, mensajeras de la abundancia y la fertilidad en el folclore europeo; narcisos y capullos que simbolizan la victoria y los nuevos comienzos, en el lenguaje de las flores.

A nivel mágico, Ostara representa el espíritu equilibrado entre el dinamismo y la inacción. Por un lado, existe el deseo de expandirse hacia el cielo; por otro, el calor tentativo de un poder que necesita tiempo para despertar.

Equilibrio e introspección

✦ ✦ ✦

LA ENERGÍA DEL MES

El final de marzo y el principio de abril representan el punto en el que el poder de cada elemento que nos rodea es tangible. La lluvia suave, el Sol tentativo, la brisa ligera y la tierra floreciente nos dicen que formamos parte de un todo y que nuestra tarea consiste en buscar la belleza dentro y fuera de nosotros mismos.

En esta época del año, es probable que nos sintamos dinámicos y creativos, y simultáneamente distraídos y confusos. Nuestra tarea consiste en actuar con calma y concentrar nuestra energía en alcanzar nuestros objetivos futuros.

LUNA LLENA

La Luna llena teñida de la magia del equinoccio representa la estación de la floración. Está alimentada por el poder del cambio, lo que la hace especialmente caótica y mutable. En el caos de esta fase lunar, podemos aprovechar los poderes creativos y moldear la realidad a nuestro favor.

Durante este momento mágico puedes potenciar tu equilibrio espiritual.

Utiliza dos velas, una blanca y otra negra, que representen tus puntos fuertes y débiles; quemar ambas en esta fase lunar te ayudará a alimentar tu yo constructivo y a disminuir tu yo destructivo.

LUNA NUEVA

En un breve período de tiempo, la Luna pasa de perder totalmente su luz a recuperar el vigor para volver a brillar. Del mismo modo, nos lleva a hundirnos en lo más oscuro de nuestra alma, para volver a levantarnos con renovado ardor.

Durante esta fase lunar, dedícate a purificar tu alma.

El cuarzo claro es un valioso aliado para esta tarea; cárgalo de energía colocándolo en el exterior y exponiéndolo a la Luna nueva, luego colócalo bajo tu almohada. Sus propiedades te ayudarán a dispersar cualquier negatividad reprimida.

Yo soy semilla. ¿Qué me ayudará a florecer?

Se dice que el filósofo *sir* Francis Bacon acuñó la frase «El conocimiento es poder», un concepto que también se aplica a nuestro camino espiritual. Es fundamental conectar con nuestra magia, ya que nos ayuda a comprender quiénes somos y qué necesitamos.

Concéntrate y responde a las preguntas que más resuenen con tu alma.

✦ ***Estás paseando por una galería de arte. Ante ti hay varios cuadros de paisajes. ¿Cuál está más en sintonía con tu estado de ánimo?***

A. Un lago con la luz brillando a través de sus ligeras ondulaciones.

B. Un jardín nocturno iluminado por un farol.

✦ ***Es el cumpleaños de un ser querido y decides comprar un arreglo floral en una floristería para llevarlo como regalo. ¿Qué flores eliges?***

A. Rosas blancas, lavanda y verbena blanca.

B. Caléndulas, gerberas rojas y tulipanes.

✦ ***Estás paseando por un frondoso bosque. Siguiendo un camino, te das cuenta de que has llegado a un claro. Ante ti hay:***

A. Un arroyo cristalino con agua que fluye y brota entre las rocas.

B. Una fiesta en un pueblo con música alegre, gente bailando y divirtiéndose.

✦ ***Mientras meditas, decides pedir a un animal espiritual que venga en tu ayuda. Esperas; entonces aparece ante ti lo siguiente:***

A. Una tortuga vieja y sabia nadando a tu alrededor.

B. Una mariposa animosa y libre que te invita a pasear entre las flores.

✦ ***En el escaparate de una tienda esotérica, ves algunos objetos interesantes, así que decides entrar a curiosear. Te recibe el aroma del incienso. Luego ves ante ti algunas herramientas mágicas. ¿Cuál te atrae más?***

A. Un gran caldero de hierro fundido grabado con símbolos.

B. Una varita de madera de roble engastada con piedras semipreciosas.

MAYORÍA DE RESPUESTAS «A»:

LIMPIA TU ESENCIA

Suelta lo que te pesa y alza el vuelo.

✦ ✦ ✦

Vivir en la sociedad moderna puede ser agotador y, con el tiempo, esta sensación de pesadez puede erosionar tu poder personal agotándolo lentamente.

La falta de energía puede hacerte sentir como si estuvieras atrapado en un bucle sin fin, aunque no lo estés.

Puedes salir de este círculo vicioso empezando a dedicar tiempo al autocuidado de la mente y el cuerpo. La clave está en practicar la identificación de lo que potencia tu poder personal y lo que provoca sentimientos negativos. A menudo no nos damos cuenta de cuánta negatividad absorbemos a través de las interacciones sociales en el mundo exterior, por eso es importante desentumecer nuestra energía y empezar a escuchar nuestro interior.

Hay muchas formas de curarse y, si lo necesitas, de buscar ayuda.

Ritual recomendado: la sabiduría de la serpiente.

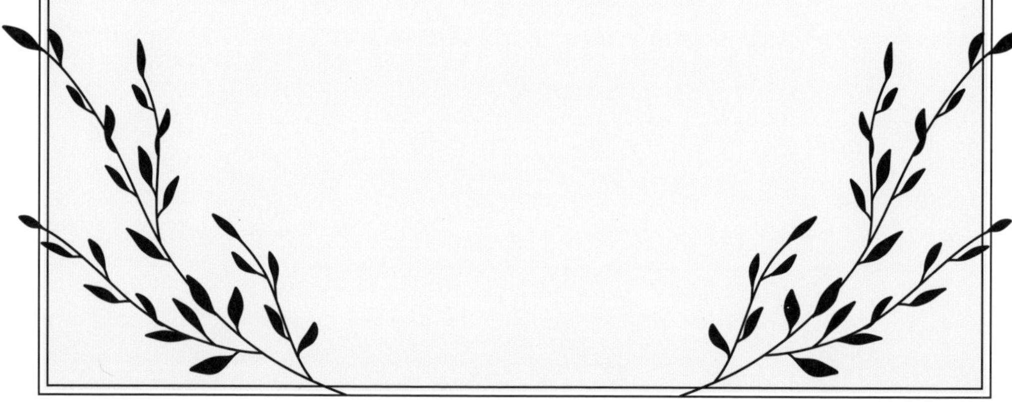

MAYORÍA DE RESPUESTAS «B»:

AMPLÍA TU PODER

Es hora de nutrir tu verdadera esencia.

✦ ✦ ✦

Siempre tenemos tiempo para todo, pero nunca tenemos suficiente para nosotros mismos. Aunque nuestra lista de tareas pendientes es muy larga, no prevé ni siquiera un pequeño espacio de tiempo para nosotros mismos; así, nuestra energía se agota lentamente. ¿Quién cuidará de ti? ¿Quién te permitirá recuperar esa fuerza? Tú.

Es importante comprender que, para funcionar lo mejor posible, nuestra rutina debe incluir prácticas que aumenten nuestro poder personal. Como una planta valiosa que requiere agua y cuidados, tú también debes dedicar tiempo a nutrir tu alma y tu energía empezando a cambiar tu mentalidad: eres tan importante como todo lo demás en tu vida; sólo tienes que creértelo.

Rituales recomendados: sembrar un deseo.

Permito que la energía florezca

✦ ✦ ✦

Con el equinoccio de primavera, redescubrimos los rituales inspirados en la tradición de celebrar la vida que solía tener lugar durante estos días.

CELEBRACIÓN: LA SEÑORA DE LA PRIMAVERA Y EL DESTINO

En los cuentos y el folclore europeos, la primavera suele representarse como una deidad femenina que baila en los prados y bosques, cambiándolo todo con su toque mágico. Mediante este ritual evocamos el simbolismo relacionado con Ostara.

MATERIALES: Incienso de mirra, una bolsa de tela, una vela, pinturas textiles, flores secas.

MÉTODO: Después de esparcir el humo del incienso por la habitación en la que vayas a realizar el ritual, coloca la vela y la bolsa de tela ante ti.

Concéntrate y déjate llevar por la energía creativa que te rodea, luego dibuja la silueta de una figura femenina sobre la tela. Mientras utilizas los colores, visualiza la maravilla de la primavera, sus colores y olores; de este modo, la bolsa se cargará de estas energías. Exprésate y disfruta de este proceso: estás dando vida a tu amuleto. Añade las flores secas a la bolsa y, una vez hayas terminado tu creación, recita las siguientes palabras mientras miras la llama de la vela:

Señora de la primavera y del eterno ciclo de la vida,
como las flores que haces florecer
que este amuleto atraiga la buena suerte.

Espera a que se seque la pintura y guarda tu amuleto en un lugar seguro para que nadie pueda tocarlo.

RENACIMIENTO: LA SABIDURÍA DE LA SERPIENTE

En la sabiduría popular primitiva, la serpiente simbolizaba el poder ancestral de metamorfosis necesario para nuestra evolución. Trabajamos con este antiguo icono para despertar los poderes de renovación en nuestras vidas.

MATERIALES: Una vela de cera natural, cerillas, una herramienta de grabado (como un palillo).

MÉTODO: Empieza por preparar la vela cargándola con tu propósito; para ello, utiliza el palillo para tallar la forma de una serpiente con la cabeza colocada hacia la mecha y la cola hacia la base de la vela.

Deja volar tu creatividad mientras dibujas.

Mientras creas el diseño, concéntrate en la energía conjurada por tus acciones. Visualiza a la serpiente mudando su vieja piel y renaciendo. Mientras grabas, estás invocando su poder y preparándote también para despojarte de lo que ya no te sirve, a fin de hacerte más fuerte.

Mantén la concentración y procede a grabar unas cuantas letras o símbolos que evoquen aquello de lo que quieres desprenderte. Pueden ser simples dibujos o las iniciales de palabras clave.

Mientras lo haces, di:

Ahora esculpo, ahora suelto,
toda energía alejada de mí se irá
una vez que la llama la haya consumido.

Enciende la vela y deja que se consuma por completo. Durante este proceso, no pierdas de vista la llama mientras disuelve lentamente cualquier obstáculo.

ABUNDANCIA: SEMBRAR UN DESEO

Para atraer la abundancia a nuestro hogar, utilizamos el símbolo del huevo.

Al llevar dentro la semilla de la vida, representa el nacimiento, la fertilidad y la procreación. Su eclosión se considera una epifanía, y conjuraremos tales poderes.

SUPLEMENTOS: Un huevo fresco o un recipiente de barro de forma ovalada, semillas de albahaca, tierra, una aguja y una cucharilla.

MÉTODO: Con mucho cuidado, haz un agujero en la parte superior del huevo. Elige la parte más fina. Amplíalo lentamente y luego vacía el huevo, con cuidado de no dañar la cáscara.

Utiliza una cucharilla para colocar una parte de la tierra en la cáscara de huevo vacía (o en el recipiente).

Sujeta firmemente las semillas con las manos y caliéntalas con el calor de tu cuerpo. Concéntrate en tus deseos. Visualízalos dentro de las semillas. Deben ser imágenes concretas, visiones de tu vida como si ya se hubieran cumplido. Mientras defines tu intención, susurra:

Semillas de vida, guardianas de mi voluntad,
acoged mi sueño, haced que florezca.
Ahora lo que deseo ya es real.

Ahora coloca con cuidado las semillas en la cáscara, o recipiente, y cúbrelas con un poco de tierra.

Después tendrás que cuidar tu hechizo regando regularmente la tierra y vigilando el proceso de crecimiento. Si de las semillas brota vida, tus deseos pronto se harán realidad.

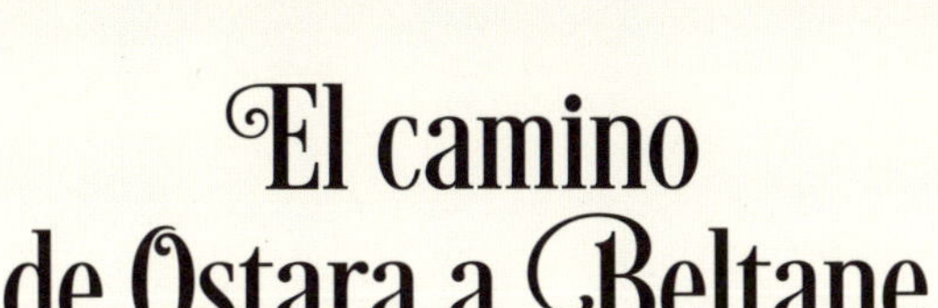

El camino de Ostara a Beltane

✦ ✦ ✦

El período de transición entre el equinoccio de primavera y la festividad de Beltane se caracteriza por un aumento de la energía hacia el cambio continuo. Durante el equinoccio de primavera, el milagro de la vida permite que los huevos eclosionen. En esta fase de crecimiento, los polluelos serán alimentados y fortalecidos para que puedan sobrevivir por sí mismos.

La naturaleza nos guía y nos enseña que para ser libres, debemos crecer y fortalecernos.

Emprendemos este camino empezando por el signo creativo de Piscis, para luego atravesar las ardientes tierras del ambicioso Aries. Del mismo modo, nuestra transformación personal pasará de una fase más introspectiva a otra más dinámica. Con un esfuerzo constante, el cambio abarcará todos los aspectos de la vida.

Es un momento propicio para fortalecer nuestra energía, ya que es la magia del movimiento la que permite que las cosas se transformen y evolucionen.

El tema principal de esta fase es: aprendamos a nutrirnos a nosotros mismos antes de nutrir al mundo. En este momento, debes sanarte a ti mismo y a tu espíritu.

Para experimentar realmente esta energía, aquí tienes algunos consejos prácticos que te ayudarán a provocar el cambio:

- ✦ Para atraer la buena suerte, empieza el día con pensamientos positivos.
- ✦ Ordena tu casa para conjurar una nueva energía en tu vida.
- ✦ Cuida de los demás, especialmente de los animales indefensos.
- ✦ Empieza a escribir en tu diario mágico, anotando tus progresos.
- ✦ Fomenta el amor por lo que te hace único; valora tus dones.
- ✦ Tus estudios deben incluir el conocimiento de un método de adivinación.
- ✦ Descansa para cimentar tu energía personal.

Recuerda: tu energía es tu motor y cada día es una oportunidad para potenciar tu magia.

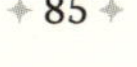

Beltane

✦ ✦ ✦

PRIMERO DE MAYO

31 DE ABRIL - 1-2 DE MAYO

El fuego y el ímpetu del espíritu salvaje

✦ ✦ ✦

La festividad de Beltane representa el punto en el que la energía del renacimiento y la transformación alcanzan su máxima expresión. Se cree que el origen del término en irlandés antiguo significa «fuego brillante».

Se celebra en el mes de mayo, que tiene lugar durante la estabilidad de Tauro y madura bajo el signo dinámico de Géminis. Esta dualidad simboliza la unión sagrada entre los poderes masculino y femenino, que, en el caos indomable del amor, genera la vida.

Un vórtice de magia envuelve la realidad: las brujas danzan en los campos montadas en sus escobas, los fuegos sagrados arden como faros que alejan el mal y los símbolos de la fertilidad son el centro de cantos y danzas.

Estas imágenes revelan los secretos de esta celebración, que está relacionada con el poder energético del fuego y el carácter sagrado de la tierra.

El primer símbolo utilizado es el palo de mayo. Consiste en un poste clavado en el suelo, que representa el matrimonio divino entre el cielo y la tierra y la unión entre lo masculino y lo femenino. En siglos pasados, era costumbre danzar alrededor del palo de mayo creando formas geométricas como el círculo y la espiral, para conjurar el ciclo eterno de la energía.

El segundo símbolo de estas tradiciones es la hoguera. En el folclore de algunos países europeos, el fuego se situaba en el centro de las celebraciones, durante las cuales tenían lugar pruebas de valor, rituales para ahuyentar el mal y hechizos de amor.

Durante estas celebraciones, el fuego se considera sagrado. La ceniza se recoge y se esparce por los campos para fertilizar la tierra y restaurar la energía canalizada durante la fiesta.

Este tipo de ritual conciliador encarna el vínculo sagrado entre los humanos y la Tierra. Los campesinos, profundamente apegados a ella, son sus custodios.

Trazo mi camino con valentía

✦ ✦ ✦

Cuando la rueda del año llega a Beltane, nuestro espíritu ha recorrido un largo camino, llevándonos a abandonar el «semestre oscuro», la fase del año en la que el poder del Sol se desvanece y triunfa la oscuridad.

Esta fiesta nos invita a celebrar todos los esfuerzos que hacen que la vida sea preciosa, debido a su complejidad. Es un momento para conectar con la naturaleza, una oportunidad para regocijarse, amar, transformar y expandirnos; por fin, la semilla de la consciencia se ha desarrollado en nosotros, simplemente afrontando nuestros retos cotidianos sin desfallecer. Ahora estamos preparados para abrazar el potencial infinito que reside en nosotros.

Energéticamente, en esta fase de la vida, la persona siente un empuje irresistible «hacia fuera». Igual que un polluelo está listo para emprender el vuelo, confiando instintivamente en sus alas, una persona está lista para conquistar el mundo exterior en un fantasioso rito de paso hacia la madurez.

Todo individuo está llamado a abandonar con valentía su zona de confort.

En pos de esta llamada y a partir del mes de mayo, los juegos y pruebas de habilidad de las fiestas de los pueblos de varios países europeos fueron vistos por los jóvenes como una oportunidad para demostrar sus habilidades y proezas. A través de tales concursos, no sólo se desafiaban física y mentalmente, sino que también establecían fuertes lazos fraternales.

A nivel mágico, este poder místico favorece la transferencia de energía del estado incorpóreo del espíritu al estado corpóreo de la materia.

Lo que hasta ayer era sólo un sueño, ahora parece cercano: en nuestro interior, percibimos el poder de manifestar lo que está profundamente arraigado en nuestros corazones.

Creación y renovación

✦ ✦ ✦

LA ENERGÍA DEL MES

Mayo nos enseña que la transformación es parte integrante de nuestra vida cotidiana y que la uniformidad no es más que una ilusión. Durante la transición entre la primavera y el verano, la naturaleza experimenta una importante transformación, en la que las flores de las plantas cultivadas se convierten en frutas o verduras. Ésta es una fase para consolidar el poder: lo que antes era el mundo irreal de nuestros deseos, ahora tiene la oportunidad de materializarse; por tanto, es fundamental actuar de forma que se facilite todo esto.

LUNA LLENA

La Luna llena de este mes llega con la fuerza necesaria para aumentar y consolidar el poder personal y la conexión con la naturaleza. Por lo tanto, durante esta fase, tendrás la oportunidad de realizar esta valiosa experiencia.

Aprovechando su magia creativa, puedes crear un ritual para manifestar tus deseos.

Un elemento natural que puedes utilizar es el laurel, que en el lenguaje de las flores simboliza la victoria. Mete en una bolsa cinco hojas en las que habrás escrito tu deseo, separando uniformemente las palabras. Guarda este amuleto en un lugar seguro.

LUNA NUEVA

La Luna nueva de este mes trae consigo una chispa creativa y nos enseña que un buen comienzo es la mitad de la batalla; por lo tanto, asegúrate de desprenderte de lo que te retiene.

Bajo su influencia, céntrate en prácticas de limpieza en tu hogar.

Vamos a utilizar una vela blanca con la que podamos canalizar el poder del fuego. Colócala sobre un plato ignífugo y espolvorea un puñado de sal gruesa alrededor de la base de la vela. Deja que se consuma sin perder de vista la llama. Esto eliminará la energía negativa.

¿Qué energía oculto en mi alma?

✦ ✦ ✦

PARA DEFINIRNOS, necesitamos saber y comprender lo que realmente necesitamos. Si comprendemos nuestras necesidades, podremos descubrirnos a nosotros mismos sin ideas preconcebidas y sin idealizarnos.

Concéntrate y responde a las preguntas que más resuenen en tu alma.

✦ ***Visualízate ante un fuego gigante. Tienes en tus manos algunos regalos que entregarás a las llamas a cambio de buena suerte. ¿Cuáles son tus ofrendas?***

A. Un objeto de tu pasado del que quieras deshacerte.
B. Una valiosa joya familiar que has heredado.

✦ ***Te han invitado a un baile misterioso. No sabes de qué tema se trata. Pero al examinar detenidamente la decoración del sobre y la caligrafía en relieve, deduces de inmediato el significado del acontecimiento. ¿Qué atuendo eliges para la ocasión?***

A. Confías en un atuendo que muestre tu sensualidad y tus puntos fuertes.
B. Optas por un atuendo clásico y elegante en colores oscuros.

✦ ***A través de un viejo espejo, descubres que tienes la capacidad de ver tu propio poder personal. Lo que se revela adquiere la apariencia de una piedra preciosa. ¿En qué forma visualizas la energía que te rodea?***

A. Como las gotas de un rubí precioso.
B. Como una esmeralda de talla cuadrada.

✦ ***Te han encargado que crees una obra de arte que represente tu visión del mundo. Puedes elegir qué técnica utilizar. Siguiendo tu inspiración, empiezas a crear:***

A. Una pieza musical en la que utilizas las notas para transmitir el ímpetu de tu fuerza vital.
B. Una estatua, dando forma al material para representar lo que consideras la verdadera belleza.

✦ ***La casa ideal para pasar un fin de semana de relax es:***

A. En el campo; una casa con piscina donde puedas tomar el Sol y relajarte.
B. Una casa de montaña silenciosa y tranquila, situada en el corazón verde de un bosque.

MAYORÍA DE RESPUESTAS «A»:
ENERGÍA DE LA PASIÓN Y EL CORAJE

La llama sagrada del valor arde en lo más profundo de tu alma.

✦ ✦ ✦

Es una chispa poderosa, que te empuja más allá de tus miedos y te lleva a tomar decisiones audaces y a ser capaz de manifestar tus sueños; sin embargo, para alimentarla necesitas un ingrediente fundamental: el amor propio.

El amor propio no implica ser egoísta o vanidoso. Significa aceptarse a uno mismo por completo, con sus puntos fuertes y débiles, sin juzgarse. Significa cuidar de uno mismo, de su cuerpo y de su mente, alimentar sus sueños y perseverar ante los obstáculos y los retos. El amor propio es un viaje, no un destino. Habrá momentos difíciles; pero cuando te sientas paralizado por el miedo o la inseguridad, recuerda que el poder ya está dentro de ti.

Enciende tu llama y deja que te guíe hacia tu asombrosa nueva vida.

Ritual recomendado: el hechizo de corte.

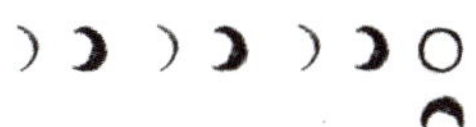

MAYORÍA DE RESPUESTAS «B»:
LA ENERGÍA DE LA TENACIDAD Y LA CREACIÓN

En tu interior late una fuerza como la tierra fértil.

✦ ✦ ✦

Representa tu tenacidad, tu conexión con tus raíces y tu predisposición a crear proyectos sólidos; sin embargo, no olvides que, al igual que la tierra requiere alimento, tus talentos también requieren nutrirse de forma comprometida y paciente.

Al igual que las profundas raíces del árbol le permiten resistir la tormenta, tú también debes alimentar tu fuerza con serenidad.

La serenidad no es la ausencia de problemas o desafíos, sino la capacidad de afrontarlos con calma, lucidez y resistencia. Es una forma de vivir el presente sin dejarse abrumar por los miedos o los pensamientos negativos.

No olvides nunca la importancia de nutrir y proteger tu energía.

Ritual recomendado: el entrelazamiento de los deseos.

La danza entre la luz y la sombra

✦ ✦ ✦

En este capítulo práctico veremos cómo vivir y experimentar con el poder de Beltane. Para poner en práctica los hechizos y celebrar esta hermosa festividad, déjate llevar por los símbolos y fuerzas recién descubiertos.

LA FORTUNA: EL ENTRELAZAMIENTO DE LOS DESEOS

Beltane es una festividad caracterizada por energías positivas muy poderosas, por lo que atraeremos la suerte a nuestras vidas canalizándolas mediante este sencillo ritual.

MATERIALES: Flores silvestres; dos velas rojas; dos colgantes con símbolos de la suerte, como un trébol de cuatro hojas o una pequeña bellota; cintas de colores de algodón natural.

MÉTODO: En una atmósfera meditativa, decora el espacio en el que vas a realizar el hechizo encendiendo las velas. Respira profundamente para centrarte. Enfócate imaginando una llama dorada ardiendo dentro de tu pecho. Sin perder la concentración, empieza a trenzar las flores y las cintas, formando un precioso amuleto; con cada nudo y movimiento, imprime la energía de tu mente en el mundo material. Mientras lo haces, visualiza tu nueva vida en cada detalle: tu aspecto, tu casa, tu trabajo.

Piensa a lo grande; no tengas miedo; atrévete a soñar con pasión. Antes de terminar la trenza, coloca uno de los colgantes en cada extremo del amuleto. En tu mente, di las siguientes palabras:

Con este amuleto defino mi deseo
hasta hacer el último nudo.
Ahora mi futuro ya ha cambiado.

Coloca el amuleto en un lugar seguro y guárdalo hasta el próximo Beltane.

PURIFICACIÓN: EL HECHIZO DE CORTE

Las tijeras simbolizan universalmente la ruptura; en este ritual de purificación, se convierten en la herramienta principal para liberarte de la negatividad.

MATERIALES: Un par de tijeras nuevas (deben estar sin usar), una hoja de papel, un bolígrafo, un pequeño recipiente ignífugo, cerillas.

MÉTODO: En un lugar tranquilo donde puedas trabajar sin interrupciones, coge una hoja de papel y escribe todos los pensamientos negativos, limitantes o miedos que quieras eliminar de tu vida. Sujeta la hoja de papel con una mano y las tijeras con la otra. Visualiza las tijeras cortando la energía negativa representada por tus palabras. Corta firmemente la hoja de papel en trozos pequeños. Reúne los fragmentos en el recipiente ignífugo y enciéndelos con cuidado. Asegúrate de que se queman completamente y de que la ceniza se apaga del todo antes de continuar. Ten mucho cuidado durante esta parte.
Mientras observas cómo arden las llamas, recita el siguiente conjuro:

Con el poder de estas tijeras y del fuego
corto la negatividad, me transformo.
Hago sitio para la luz y la positividad en mi vida.

Una vez que la ceniza se haya extinguido por completo, puedes esparcirla en la naturaleza o enterrarla en un lugar seguro. Limpia a fondo las tijeras y, a partir de ahora, utilízalas exclusivamente con fines positivos como símbolo de renovación y transformación.

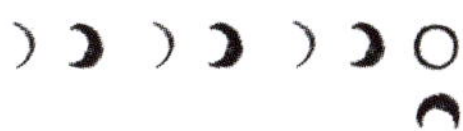

ENERGÍA NATURAL: EL ESPÍRITU DE LA CASA

Durante esta fase, el velo entre el mundo físico y el espiritual es fino. Esto facilita la comunicación con los espíritus y los antepasados. Según el folclore de algunos países europeos, cada casa tiene un espíritu que vive en su interior y la protege. Forjar una buena relación con esta pequeña entidad es fundamental a la hora de exigir protección y buena suerte a cambio de regalos.

MATERIALES: Un trozo de pan, una cucharadita de miel o mermelada, una pequeña flor silvestre, un pañuelo de fibras naturales.

MÉTODO: En algún lugar de tu casa, coloca el pan, la miel y la flor en el pañuelo. Selecciona el lugar con cuidado, ya que no debe ser accesible a los animales domésticos, a otras personas ni a las hormigas. Cierra los ojos y conecta con la energía de tu hogar; visualízalo en tu mente y pronuncia el siguiente conjuro:

Espíritu guardián de este hogar,
te ofrezco estos regalos en señal de amistad.
Te pido que protejas mi hogar
y que traigas suerte y prosperidad a mi vida.

Deja las ofrendas en el pañuelo durante un día y una noche. Al día siguiente, deshazte de ellas al aire libre.

Coloca el pañuelo en un lugar especial de tu casa. Será un vínculo entre tú y tu «diablillo».

Cuida periódicamente la relación con tu nuevo amigo con regalos como dulces, café, pan, flores y fruta.

El camino de Beltane a Litha

✦ ✦ ✦

El período entre Beltane y Litha se caracteriza por una energía dinámica y transformadora, llena de contradicciones y excitación. En esta época del año, el Sol en el hemisferio norte alcanza su máxima intensidad, en un ciclo creciente que transmite la importancia de la luz y el poder del Sol.

Esta fase transitoria se produce principalmente cuando la energía del Sol se encuentra en el signo de aire de Géminis.

Géminis es un signo regido por Mercurio y tiene una energía intelectual viva e inquisitiva que favorece el aprendizaje y la comunicación, y se adapta a situaciones nuevas. Es un momento favorable para reevaluarse a uno mismo, abandonar viejos hábitos, abrazar nuevos proyectos y establecer nuevas conexiones con los demás.

El tema principal de esta fase es disfrutar de la vida y alimentar el propio espíritu con energía positiva. Éste es el momento en que te das tiempo para hacer lo que te gusta.

Para abrazar a fondo esta energía y prepararte para la llegada de Litha, puedes hacer esto:

- ✦ Lee libros y artículos o ve documentales sobre temas que te intriguen.
- ✦ Participa en conversaciones y charlas sobre temas que te apasionen.
- ✦ Crea un entorno social en el que puedas compartir tu entusiasmo.
- ✦ Viaja a algún lugar nuevo y aprecia su energía.
- ✦ Haz voluntariado o participa en actividades benéficas en tu comunidad.
- ✦ Alimenta tu espíritu creativo escribiendo o dibujando. Elige lo que mejor te represente.
- ✦ Trabaja con energías naturales y conecta con los espíritus de la naturaleza que viven a tu alrededor.

Recuerda: No hay una forma correcta o incorrecta de abrazar esta energía. Experimenta con distintas actividades, encuentra las que te hagan sentir más vivo, alimenta tu conexión con el todo.

Litha

✦ ✦ ✦

SOLSTICIO DE VERANO

20-21-22 DE JUNIO

Celebración de la abundancia

✦ ✦ ✦

Desde el Neolítico, los seres humanos han celebrado el solsticio, un fenómeno astronómico en el que el Sol en el hemisferio norte alcanza su cénit, marcando el comienzo de una nueva estación: el verano. Este aniversario adquiere un profundo significado simbólico y espiritual para las distintas culturas del mundo.

En todo el planeta, la presencia de numerosos lugares, como yacimientos arqueológicos, iglesias y templos, construidos con el propósito de alinear la salida del Sol del solsticio con elementos arquitectónicos específicos, es una prueba física del significado místico atribuido a esta fase del año. La esencia de este tiempo está estrechamente vinculada a la celebración de la naturaleza, ya que en este día la energía nos pide que celebremos el poder del Sol y la riqueza de la Tierra, que trae sus frutos maduros al mundo.

La Madre Tierra colma generosamente el mundo de dones para recompensar todos nuestros esfuerzos y devoción.

El príncipe de nuestras celebraciones, el Sol, nace abrazando la energía de Cáncer, el signo regido por las emociones profundas y conectado con el elemento del agua, un elemento muy importante para esta fiesta, pues se cree que en la noche que precede al solsticio, el rocío absorbe la magia del amanecer y adquiere el poder de vencer toda negatividad; de ahí su uso en los baños purificadores.

Simultáneamente, el fuego adquiere un papel crucial porque, según algunas tradiciones europeas, durante esta noche las puertas entre el mundo material y el inmaterial se hacen más finas, permitiendo que los espíritus entren en contacto con los seres vivos; por ello, se encienden hogueras para alejar la desgracia y despertar el ardor en los corazones de los hombres.

Soy todo y lo contrario de todo

✦ ✦ ✦

Desde su trono celestial, el Sol del solsticio triunfa sobre el mundo, guiando e inspirando el alma de todo ser vivo. Esta festividad celebra la extraordinaria fuerza vital que nos anima y nos permite lograr grandes cosas cuando aprovechamos nuestra energía y fuerza de voluntad.

Alcanzar una meta habla de la satisfacción de haber logrado un resultado sustancial; sin embargo, conlleva la conciencia de que pronto vendrá un nuevo reto. Este eterno ciclo binario es lo que nos permite crecer y evolucionar.

Nada es estático; cada día es un nuevo reto. Todo en este universo está siempre en perfecto equilibrio.

Es precisamente en la oposición entre extroversión e introspección donde reside el verdadero significado de este día. Debemos aprender a celebrar nuestras victorias, pero también es crucial consolidar la sabiduría que hemos adquirido, para que todo nuestro viaje no resulte inútil.

En un plano mágico, el solsticio representa esta transformación. Nuestro ego de materia prima se convierte en metal precioso porque ha sido templado por nuestra conciencia; sin embargo, a pesar de ello, aún no hemos llegado al final de nuestro viaje.

Nuestra vida cambia continuamente. Debemos comprender que cada vez que surge un obstáculo ante nosotros, se nos da la oportunidad de crecer, porque nuestra alma está destinada a la grandeza y, reto tras reto, prevaleceremos.

En todas partes podemos ver que la magia está preparada para darnos todo el apoyo que necesitamos; durante estos días, las plantas mágicas están cargadas de poder, y los elementos esperan ansiosos ser invocados en nuestros rituales. Todo nos apoya en esta fase; nuestra tarea consiste en abrirnos a estos bellos poderes.

Abundancia y purificación

✦ ✦ ✦

LA ENERGÍA DEL MES

A principios de junio, los días siguen alargándose y el Sol calienta la atmósfera cargada. La estación cálida nos incita a estar al aire libre, a disfrutar de la compañía de los demás y a celebrar la vida con alegría y desenfado. A pesar de la energía propulsora del mes, junio también ofrece momentos de tranquilidad e introspección. Los días llenos de Sol pueden brindar la oportunidad de reflexionar sobre nosotros mismos, nuestros objetivos y el camino que estamos emprendiendo, y sobre si lo que estamos creando en nuestras vidas coincide con nuestros deseos.

LUNA LLENA

La Luna llena en el período relacionado con Litha representa un momento en el que podemos pedir lo que necesitamos para satisfacer nuestra existencia, sin codicia.

Invoca fuerzas mágicas para realizar rituales para la abundancia.

Esta energía está simbolizada por la miel, producto del trabajo de la laboriosa abeja, criatura vinculada a las deidades de varios panteones. Utiliza la miel en tu celebración añadiendo este ingrediente especial a un postre que compartirás con tus amigos. No olvides compartir un poco con las hadas, colócalo en el alféizar de la ventana durante la noche.

LUNA NUEVA

La Luna nueva, con su energía de renovación, encaja perfectamente con el poder purificador del solsticio, creando una oportunidad favorable para liberarse de la energía negativa que pesa sobre uno y le impide centrarse en su verdadero potencial.

Durante esta fase, dedícate a realizar rituales para eliminar la energía negativa.

El hipérico puede ser un valioso aliado en el proceso. Coloca algunas de estas flores doradas dentro de una bolsita y guárdala bajo la almohada para favorecer el sueño y alejar las pesadillas.

Aceptar la propia dualidad

✦ ✦ ✦

CON LA OPOSICIÓN entre el día más largo y la noche más corta, el solsticio simboliza la dualidad que existe en la naturaleza y el universo.

Concéntrate y responde a las preguntas que más resuenen con tu alma.

✦ ***En un claro, conoces a una anciana que resulta ser una bruja. Tienes la oportunidad de conseguir uno de sus amuletos. ¿Cuál eliges?***

A. Una poción para eliminar todos los obstáculos de tu vida.
B. Una bolsa mágica que mejorará tus finanzas.

✦ ***Por fin podrás decorar la casa de tus sueños sin limitaciones a tu creatividad y deseos. ¿Cuáles son tus objetos imprescindibles?***

A. Una chimenea acogedora y una bañera enorme.
B. Una biblioteca gigantesca y muebles de lujo.

✦ ***Durante una noche sin Luna, estás caminando por un sendero desierto cuando, de repente, aparece ante ti un espíritu. Es benévolo y no desea hacerte daño. ¿Qué aspecto tendría?***

A. Un espíritu etéreo parecido a una mujer con una larga cabellera pelirroja.
B. Un espíritu juguetón del bosque parecido a un joven duende.

✦ ***Decides organizar una cena con tus amigos más íntimos. Tu tarea consiste en elegir el lugar. ¿Adónde vas?***

A. A un restaurante étnico donde puedas degustar platos picantes y sabrosos.
B. Un restaurante tradicional que sirva platos sencillos con ingredientes genuinos.

✦ ***Si tuvieras que describir tu mayor defecto, sería:***

A. Tus emociones, que a menudo se interponen en tu vida y en tus decisiones.
B. Tus pensamientos: a menudo te distraes y no consigues centrarte en una cosa a la vez.

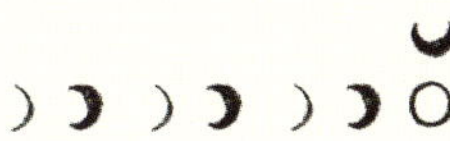

MAYORÍA DE RESPUESTAS «A»:
EL PODER DEL FUEGO, LA INTUICIÓN DEL AGUA

El vigor del fuego debe ser templado por la sabiduría del agua.

✦ ✦ ✦

El fuego, símbolo de la energía, arde vigorosamente, iluminando tu camino e impulsándote a la acción. El agua representa la calma, la fluidez y la empatía; es acogedora y nutritiva; te permite fluir y conectar con los demás. Estos elementos aparentemente opuestos son en realidad complementarios y dependientes el uno del otro. Sin agua, el fuego correría el riesgo de arder sin control; y sin fuego, el agua se estancaría, quedándose inmóvil y congelada. Del mismo modo, tu poder se guía por esta dualidad: tienes que aprender a actuar con perspicacia y a pensar antes de actuar, sopesando las consecuencias de tus elecciones y teniendo en cuenta los puntos de vista de los demás.

Ritual recomendado: meditar sobre el espíritu.

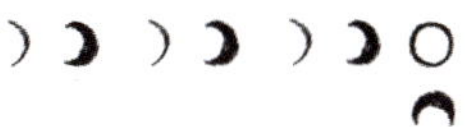

MAYORÍA DE RESPUESTAS «B»:

LA ESTABILIDAD DE LA TIERRA, LA CREATIVIDAD DEL AIRE

Con la solidez de la tierra, tus sueños toman forma.

✦ ✦ ✦

La tierra y el aire son dos elementos esenciales que nos sostienen e inspiran. La tierra representa la estabilidad y la concreción, mientras que el aire es ligero y cambiante y representa el pensamiento libre y la creatividad. Estos dos elementos se complementan y dependen el uno del otro, al igual que un sueño nunca se realizaría sin una acción concreta; del mismo modo, nuestra alma busca el equilibrio. Tu espíritu te está recordando que los pensamientos triviales pueden ser una fuente de inspiración; sin embargo, pasar a la acción para convertirlos en realidad es la clave. No tengas miedo de alcanzar las estrellas con tu imaginación; sólo recuerda que el poder para alcanzar tus sueños reside en la constancia y la perseverancia.

Ritual recomendado: la llamada dorada de la prosperidad.

La sinfonía de la naturaleza en verano

✦ ✦ ✦

La festividad de Litha es una época en la que las energías danzan a nuestro alrededor, y unas cuantas acciones sencillas son la forma de experimentar plenamente estas sensaciones.

PURIFICACIÓN: LA PUREZA DEL AGUA Y LAS FLORES

Según la tradición pagana, en el momento en que nace el Sol del solsticio, las hierbas y el agua se cargan de poderes mágicos.

MATERIALES: Un cuenco de cristal, agua, aceite esencial, pétalos de rosa, lavanda y hierba de San Juan. Ten especial cuidado por si sufres algún tipo de alergia.

MÉTODO: La noche anterior al solsticio, coloca el cuenco en el exterior y llénalo con las flores y unas gotas de aceite esencial. Observa los bellos colores que te ha regalado la naturaleza, inhala el embriagador aroma que se desprende cuando las flores entran en contacto con el agua cristalina. Vierte el agua en el cuenco y déjalo destapado durante toda la noche y parte de la mañana. Para evitar que cualquier insecto entre en contacto con ella, puedes cubrir el cuenco con un paño de fibra natural. Al día siguiente, lávate el cuerpo desde los pies hasta la cabeza utilizando el agua del cuenco; mientras la viertes, visualiza la luz del solsticio penetrando en ti y su poder dorado ahuyentando la oscuridad y la negatividad. A continuación, recita mentalmente tu conjuro:

La energía de la tierra me purifica, me nutre.
La oscuridad ya no tiene poder; la luz ilumina mi camino.

Dedica todo el tiempo que necesites a esta fase y, una vez eliminada toda la energía negativa de tu cuerpo, date un relajante baño caliente.

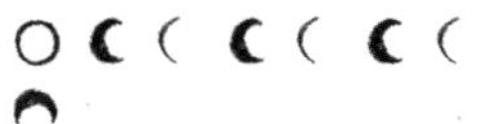

TRANSMUTACIÓN: MEDITAR SOBRE EL ESPÍRITU

La meditación es una práctica que eleva tu espíritu y te devuelve la paz mental. Puede aplicarse tantas veces como necesites.

MATERIALES: Música relajante con sonidos naturales, y un lugar tranquilo y cómodo donde puedas tumbarte.

MÉTODO: Después de haber creado un ambiente agradable llenándolo de música, túmbate. Respirando lentamente, suelta las tensiones y preocupaciones. Ahora cierra los ojos y, en tu mente, visualiza un claro. Empieza con una imagen sencilla, como una brizna de hierba. No intentes controlar tus pensamientos: deja que pasen, como las nubes en el cielo. Nota la sensación de paz que impregna el lugar en el que te encuentras; explora las profundidades de tu ser y el poder oculto en tu dimensión interior. Tómate tu tiempo. Descansa. Reponte.

Antes de abandonar el lugar en el que estás, pronuncia esta frase para expresar tu gratitud:

Respetuosamente, me marcho;
agradezco todos los regalos
ya sean grandes o pequeños.

Concéntrate en tu cuerpo físico y céntrate. En tus primeros intentos, puede que pierdas la concentración o que sólo visualices algunos detalles. No te desanimes: es normal y debes perseverar. Repite esta práctica con regularidad y tus habilidades mejorarán, proporcionándote experiencias únicas y revigorizando tu poder personal.

ABUNDANCIA: LA LLAMADA DORADA DE LA PROSPERIDAD

Como ya se ha dicho, en muchas tradiciones, como la del antiguo Egipto, la miel se considera un ingrediente con poderes mágicos y curativos. Debido a sus propiedades físicas y nutritivas, se utiliza en hechizos para atraer la abundancia.

MATERIALES: Un tarro de cristal con cierre, miel, dos espigas de trigo, cuatro hojas de laurel y una vela natural amarilla.

MÉTODO: Antes de empezar el hechizo, lava el tarro con agua y sal y enciende la vela. Coloca las hierbas en el tarro, visualizando sus respectivas correlaciones mágicas. El laurel, símbolo del triunfo y de la celebración del éxito; el trigo, símbolo de la abundancia de la Madre Tierra. Una vez completado este paso, empieza a verter la miel, con cuidado de no derramar nada fuera del tarro, y recita:

Néctar dorado regalado por la Madre Tierra,
en ti fluye la vida misma,
en mí se manifiesta la esencia de la abundancia.

Observa cómo la miel dorada cubre tus hierbas mágicas y tómate el tiempo de repetir tu conjuro hasta que sientas que lo has cargado de energía positiva. Ahora enrosca bien la tapa y esconde tu amuleto de visualización en tu casa, asegurándote de que no se abrirá hasta que tus deseos se hayan hecho realidad. Para mayor seguridad, guárdalo en una caja o envuelto en una tela.

El camino de Litha a Lammas

✦ ✦ ✦

El cambio que nos conduce a Lammas se caracteriza por la llegada de una nueva fase energética. Al llegar a su apogeo, el Sol es consciente de que tendrá que dar paso a la oscuridad; durante esta transición, despierta nuestro deseo de conectar con nuestro entorno.

***Siempre estamos en contacto con la Madre Tierra.
Caminamos sobre ella,
comemos sus regalos y participamos
activamente en su flujo energético.***

Cada momento de nuestra vida está entrelazado con el ritmo de la naturaleza. Nuestros cuerpos están compuestos de sus elementos, y nuestro ciclo vital refleja el de las estaciones.

La razón para reconocer esta profunda conexión no es sólo apreciar la belleza del mundo natural, sino también asumir la responsabilidad de preservarlo. Convertirse en un administrador consciente de la Madre Tierra significa respetar sus recursos, honrar sus ciclos y vivir armoniosamente junto a ella.

La conexión con la tierra es un camino para volver a experimentar la magia y nuestra verdadera naturaleza.

***El tema principal de esta fase es:
la energía del universo baila y resuena en tu interior.
Es un momento de regocijo.***

Esto es lo que puedes hacer para abrazar plenamente esta energía:

✦ Pasa tiempo en la naturaleza, sumergiéndote en su belleza y paz.
✦ Valórate; empieza el día con un cumplido para reforzar tu autoestima.
✦ Para alimentar tu alma, dedica tiempo a divertirte.
✦ Crea una atmósfera mágica en tu casa utilizando aromas naturales.
✦ Busca la magia en todo lo que te rodea.
✦ Come fruta y verdura fresca para alimentar tu cuerpo con los dones de la Madre Tierra.

Recuerda: Todo ser humano está conectado con el poder natural. Nuestro deber es guardarlo, preservarlo y nutrirlo.

Lammas

✦ ✦ ✦

LÚNASA

31 DE JULIO - 1-2 DE AGOSTO

La cosecha de la sabiduría

✦ ✦ ✦

En el despertar de agosto, cuando los campos dorados se mecen bajo el peso del trigo maduro, se celebra el primer *sabbat* de la cosecha. Es un momento mágico en el que se entrecruzan dos antiguas tradiciones: la Lúnasa, la fiesta celta del dios Sol Lugh, y la Lammas, la fiesta anglosajona del final de la cosecha.

Con sus raíces celtas, la Lúnasa celebra el comienzo de la cosecha, dando gracias a la tierra por su generosidad y reconociendo el carácter sagrado de los ciclos de las estaciones. Lammas, en cambio, toma su nombre de «loaf-mass» o «fiesta del pan», recordando la costumbre de llevar a la iglesia la primera hogaza de pan de la cosecha para ser bendecida.

A pesar de sus diferentes raíces, las dos tradiciones tienen un hilo común: ambas se unen en la exaltación del trigo, símbolo divino del sustento.

El grano de trigo encarna la esencia de esta tradición. Una parte se utilizará para hacer pan y comer, mientras que otra se guardará para sembrar, a fin de garantizar la continuidad del ciclo vital.

En muchas civilizaciones, cuando se araban los campos, se ofrecía una parte sin cosechar a los espíritus de la naturaleza; hoy en día, tales homenajes a entidades naturales y costumbres similares siguen resonando en todos los rincones del mundo.

Este período está plagado de innumerables festivales que expresan una profunda gratitud por los dones de la tierra, dado que la cosecha representa el sustento y expresa el esfuerzo y el trabajo realizados durante todo el año. Celebrar todo esto es una forma no sólo de alegrarse, sino también de motivarse; ver los resultados cosechados es alentador y nos impulsa a seguir trabajando y a perseguir nuestros objetivos con energía renovada.

A través de la gratitud libero mi espíritu

✦ ✦ ✦

A PESAR DEL PASO DEL TIEMPO, ESTE *SABBAT* SIGUE TRAYENDO CONSIGO LA ANTIGUA TRADICIÓN ligada a los ciclos de la naturaleza, que, al llegar a esta fase del año, manifiesta de forma concreta la importancia de sacrificar lo divino para mantener el equilibrio.

En algunas tradiciones, este simbolismo está encarnado por una deidad natural destinada a ser sacrificada para garantizar la continuidad de la vida en la tierra. Dicho espíritu, alimentado por la fuerza solar del solsticio de verano, sigue un camino de transformación, llegando a Lammas para luego sacrificar su vida para garantizar el sustento de la humanidad. El concepto de sacrificio es recurrente en muchas culturas de todo el mundo; a través de rituales, mitos y leyendas, representa la idea de renunciar a algo valioso en beneficio de alguien o del bien mayor.

El sacrificio no es la causa del sufrimiento sino un acto guiado por el amor al prójimo.

En las celebraciones modernas, los neopaganos preparan ofrendas de pan, dulces, trigo, maíz, girasoles y harina, creando una danza de dar y recibir.

Como seres vivos, debemos ser conscientes de que formamos parte de un ciclo energético universal; captamos energía de nuestro entorno y podemos transformarla y distribuirla por el mundo.

Dar no se limita a compartir bienes materiales; cada acción crea una onda positiva que se dispersa por el universo. Al ayudar a los demás, nos ayudamos a nosotros mismos.

La gratitud y la donación nos permiten abrazar la abundancia del universo y compartirla; en este intercambio mutuo reside la verdadera sabiduría de este festival.

Cada uno de nosotros tiene el poder de cambiar las cosas. Juntos, podemos dar forma a un futuro brillante y armonioso para todos.

Viajo hacia la libertad interior

✦ ✦ ✦

LA ENERGÍA DEL MES

Mientras la naturaleza estalla de color y vitalidad, la llamada de la Madre Tierra resuena como portadora de sabiduría y posibilidades infinitas. En este período, que marca la transición entre finales de julio y el mes de agosto, se nos brinda la oportunidad de liberarnos de mentalidades antiguas y limitadoras. Durante esta fase de mayor libertad, sería conveniente dedicar tiempo a la propia calidad de vida, para restaurar tanto el cuerpo como la mente, que han trabajado incansablemente durante todo el año.

LUNA LLENA

En esta fase, la Luna llena se produce en un momento en que la energía de la naturaleza es palpitante y está viva, por lo que se nos pide que aprendamos a reconocer la presencia de este poder en nuestras vidas.

En esta época del año, puedes dedicarte a trabajar con la energía natural y sus espíritus.

Camina descalzo sobre la hierba o la tierra para poder sintonizar con la energía del suelo y sentir más profundamente las vibraciones de la naturaleza. Rodéate de naturaleza virgen.

LUNA NUEVA

La energía de agosto conecta la práctica mágica de la Luna nueva con el uso de las plantas, dado que, durante estos días, el poder de la naturaleza proporciona ingredientes cargados de magia.

En esta fase lunar, es importante que te dediques a limpiar energéticamente tu espíritu.

La lavanda es una planta maravillosa con propiedades calmantes y purificadoras, y triunfa en agosto. Su color morado se relaciona con la realeza y la energía sutil; se considera una planta mágica y sagrada.

Añade unas gotas de aceite esencial de lavanda a un difusor de aromaterapia. Además de difundir un aroma calmante y purificador por la habitación, te ayudará a elevar tu energía espiritual durante tu práctica diaria.

Crecimiento interior y autorrealización

✦ ✦ ✦

La naturaleza nos da pistas sobre cómo practicar la gratitud y aprovechar los poderes positivos que nos rodean; tenemos que aprender a atraerlos y qué partes de nosotros mismos debemos alimentar.

Concéntrate y responde a las preguntas que más resuenen con tu alma.

✦ ***Después de caminar por un laberinto, llegas a una vieja puerta. La abres. En su interior encuentras:***

A. Acceso a un jardín secreto.

B. Una habitación cara con mobiliario de lujo.

✦ ***Te vas de vacaciones con unos amigos. Cuando tienes que elegir un destino, actúas basándote en tus instintos y compras un billete para:***

A. Un pueblo de montaña rodeado de naturaleza donde puedas pasear y pasar el tiempo en completo silencio.

B. Un pueblo costero donde puedas divertirte a lo grande, pasando el tiempo en clubes nocturnos hasta el amanecer.

✦ ***¿Qué herramienta de adivinación elegirías para predecir el futuro?***

A. Una lectura del tarot iluminada por las llamas parpadeantes de velas perfumadas.

B. Una lectura fascinante de los posos del café, una ventana al destino que se abre con cada sorbo.

✦ ***El contacto con la naturaleza es diferente para cada uno de nosotros. ¿Qué significa para ti?***

A. Un momento para descansar, relajarte y contemplar la belleza de tu entorno.

B. Una oportunidad de dar largos paseos para liberar energía y estrés.

✦ ***Elige qué paisaje sonoro acompañará tu meditación:***

A. Te sumerges en el sonido de la naturaleza, donde el piar de los pájaros se entrelaza con el susurro del viento.

B. Te entregas al ritmo hipnótico del tambor chamánico.

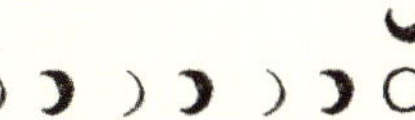

MAYORÍA DE RESPUESTAS «A»:
LA VISIÓN DEL BOSQUE

Todo está conectado, y en el silencio del alma nos redescubrimos a nosotros mismos.

✦ ✦ ✦

El bosque, con su atmósfera pacífica y evocadora, inspira una sensación de sacralidad y misterio. Es un entorno en el que nos sentimos humildes ante la inmensidad de la naturaleza, donde podemos establecer un vínculo con algo más grande.

La vida en el bosque representa un ejemplo concreto de armonía e interdependencia entre todos los seres vivos: cada elemento desempeña un papel crucial en el mantenimiento del equilibrio dentro del ecosistema.

Volver a vivir en armonía con nosotros mismos y con el planeta es fundamental, porque todo en el mundo se mueve a su propio ritmo. Nuestra tarea consiste en restablecer la comprensión a través de la calma.

Ritual recomendado: amuleto de la Tierra.

MAYORÍA DE RESPUESTAS «B»:
ENERGÍA DEL GRANO

Incluso un grano minúsculo puede inclinar la balanza.

✦ ✦ ✦

Un grano de trigo, aunque pequeño y aparentemente insignificante, encierra un enorme potencial; con las condiciones de luz, agua y nutrición adecuadas, la semilla germina, desarrolla raíces en la tierra y crece hasta convertirse en una espiga robusta.

Del mismo modo, cada uno de nosotros nace con un potencial infinito en su interior.

Podemos crecer, aprender, evolucionar y realizar grandes hazañas; sin embargo, para florecer necesitamos nutrición espiritual, vínculos profundos y un terreno fértil en el que echar raíces.

A lo largo de nuestro viaje espiritual, cosechamos, como el trigo, los frutos de nuestro trabajo interior. La gratitud por nuestro progreso y nuestras experiencias nos nutre, estimulándonos a seguir persiguiendo nuestro viaje espiritual; por ello, es fundamental que no perdamos el ánimo para no hacer inútiles nuestros esfuerzos.

Ritual recomendado: atraer el valor.

La magia de la Madre Tierra

✦ ✦ ✦

Para trabajar con la energía de esta época del año, necesitamos comprender la importancia de renovar la conexión y el equilibrio con la naturaleza a través de cada acción.

CONEXIÓN: AMULETO DE LA TIERRA

La bruja conoce la importancia de la interconexión con el poder de la Tierra. Este ritual nos permitirá fabricar un amuleto para aumentar nuestra conciencia y compromiso con este vínculo.

MATERIALES: Un plato blanco, un poco de tierra, semillas, granos de maíz, pétalos de flores de tu elección, un colgante.

MÉTODO: Este ritual puede realizarse tanto en el interior como en el exterior; para una mayor eficacia, elige un entorno natural.

Coloca la tierra en el plato como base y, a continuación, dispón las semillas en forma de espiral. Hazlo trabajando de fuera hacia dentro, atrayendo así la energía hacia el centro del símbolo.

A continuación, completa el diseño añadiendo el maíz y los pétalos de flores. Por último, al decorar la espiral, deja que tu creatividad se exprese libremente.

Ahora coloca el colgante en el centro y di:

Madre Tierra, poderosa y antigua,
entrelaza mi alma con tus ciclos vitales.
Poder ancestral, guía mi viaje,
atraigo tu magia, oh, espíritu divino.

Cierra los ojos y despeja la mente. Coloca con cuidado una mano sobre tu colgante. Imagina una vibrante corriente de energía que emerge de las profundidades de la Tierra, satura el collar y se convierte en parte integrante de él.

Ahora abre los ojos y, en señal de gratitud y respeto, siembra las semillas que has recibido.

FUERZA PERSONAL: ATRAER EL VALOR

Ciertos momentos de nuestra vida requieren un gran valor por nuestra parte. Este sencillo hechizo puede ayudarnos a recuperar la fuerza que nos falta.

MATERIALES: Un cuenco de cristal, agua, un candelabro, una vela naranja, una aguja, tomillo seco.

MÉTODO: Llena el cuenco de cristal con agua y tomillo. Déjalo reposar toda la noche bajo el cuarto creciente de la Luna.

En un lugar tranquilo, dispón todo lo que necesites ante ti.

Con la aguja, graba la palabra «valor» en la vela y, si quieres, adórnala con otros símbolos que representen la fuerza que deseas atraer.

Evitando la mecha, vierte unas gotas del agua mágica sobre la vela.

Recita el conjuro:

Fruto del poder de la Tierra,
para mi propósito te bendigo.
Tú eres el conducto, la llamada;
dame valor y fuerza.

Enciende la vela en el candelabro. Siente cómo su energía se extiende por tu cuerpo y recarga tu alma. Visualiza cómo tu espíritu se vuelve ahora valiente y confiado.

Espera el tiempo que necesites; déjate inundar por la energía del fuego y la sabiduría del tomillo. Cuando sea el momento adecuado, apaga la vela y guárdala en un lugar especial.

Repite este ritual siempre que necesites valor, por ejemplo, ante una situación difícil. Recuerda que el verdadero poder reside latente en ti.

BLOQUEO: EL SELLO DE LOS CLAVOS Y EL SOL

Los clavos, sobre todo los antiguos, son un elemento tradicional de la magia y el folclore europeos. Los objetos punzantes se utilizan habitualmente en los rituales mágicos con fines de protección. El clavo se asocia con la capacidad de repeler la energía no deseada.

MATERIALES: Tres clavos, una bolsa negra de fibra natural, un cordel de lana rojo.

MÉTODO: En un día despejado, expón los clavos a la luz solar en el momento más caluroso del día y déjalos durante dos horas. El metal deberá enfriarse ligeramente porque, al hacerlo, los clavos se saturarán simbólicamente de la energía solar que utilizaremos para nuestro hechizo.

Después de este ritual, ve a un lugar apartado y coloca los clavos dentro de la bolsa.

Procede lentamente, de uno en uno, y recita las siguientes palabras para cada uno:

El Sol ha bendecido el metal,
ahora este objeto mágico está encantado y
energizado por mis palabras.
Ninguna energía negativa pasará a través de él.

Una vez completado el proceso, cierra la bolsa utilizando el cordel de lana rojo, envolviéndolo alrededor de la bolsa y atándolo todo con tres nudos. Después, tendrás que colgar la bolsa de una puerta o ventana para mantener a raya los poderes. Puedes realizar este hechizo cada vez que sientas la necesidad de proteger la energía de tu hogar.

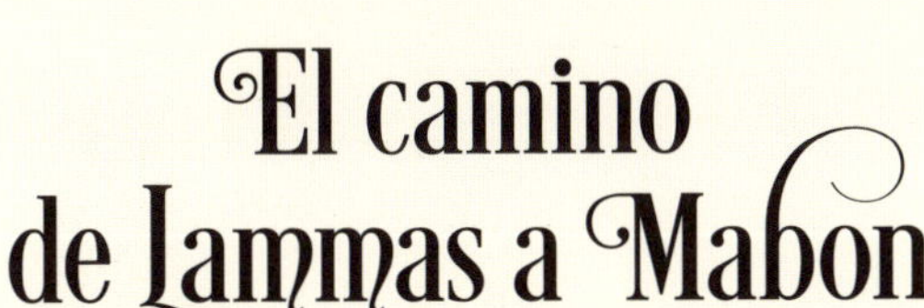

El camino de Lammas a Mabon

✦ ✦ ✦

LA CLAVE DE ESTA FASE es comprender la importancia de cuidar de nosotros mismos y de nuestra sanación espiritual.

El signo concomitante a esta transformación es Virgo. Su energía, vinculada al perfeccionismo y a la tendencia a analizarlo todo, si se lleva al extremo podría obstaculizar nuestra búsqueda de conexión con lo divino. En cambio, nuestra tarea consistirá en aplicar sus enseñanzas, porque la conciencia de no tener todas las respuestas nos ayudará a ser humildes y a estar abiertos al aprendizaje y al descubrimiento.

La curación espiritual es un proceso complejo y polifacético que implica distintas dimensiones en el ser humano.

Es un viaje personal destinado a restablecer la armonía y el equilibrio entre el cuerpo, la mente y el alma, promoviendo el bienestar general del individuo.

El tema principal de esta fase es:
nos acercamos a lo divino con mucha humildad y apertura.
Como una semilla en la tierra oscura, nuestra alma espera.

Para abrazar plenamente esta energía, esto es lo que puedes hacer:

- ✦ Elige un momento concreto del día para dedicarlo a tu práctica espiritual, aunque sólo sean unos minutos.
- ✦ Aprende a perdonarte a ti mismo. Somos imperfectos. En esta etapa, sé más paciente contigo mismo.
- ✦ Rodéate de personas positivas.
- ✦ Dedícate a una afición que hayas descuidado durante un tiempo.
- ✦ Empieza a organizar un lugar secreto para guardar tus hierbas mágicas.
- ✦ Coloca símbolos de la Luna alrededor de tu casa para atraer su energía durante tu práctica mágica.
- ✦ Purifica cíclicamente tu casa con incienso natural.

Recuerda: No dudes, porque la confianza es tu baza más poderosa. Creer en uno mismo ya es la mitad de la batalla para realizar tus sueños.

Mabon

✦ ✦ ✦

EQUINOCCIO DE OTOÑO

20-21-22 DE SEPTIEMBRE

Soy el eco de los que vinieron antes que yo

✦ ✦ ✦

La tierra se tiñe de tonos dorados cuando la atmósfera empieza a cambiar, marcando la llegada de la segunda fiesta de la cosecha: el equinoccio de otoño.

En el hemisferio norte, éste llega entre el 21 y el 23 de septiembre; y esta etapa de la rueda del año se denomina Mabon, término acuñado en el siglo XX para indicar el *sabbat* que coincide con la llegada del equinoccio de otoño, vinculado al dios de la juventud, la caza, la vida vegetal y las cosechas (el hijo de Modron en la mitología galesa).

En esta época, nos dedicamos de nuevo a celebrar la generosidad de la naturaleza y nuestro duro trabajo, conscientes de que la fase oscura del año está cada vez más cerca.

Al igual que su opuesto, Ostara, el equinoccio de primavera, en esta fase también asistimos a un momento de equilibrio, de unión armoniosa entre fuerzas opuestas.

Al principio del otoño, el significado místico de la cosecha es más profundo que el simple acto de recoger productos; nos dirigimos a la última etapa de un largo viaje que comenzó con el cuidado de la tierra y el respeto a la naturaleza y sus ritmos, un viaje a menudo comunitario, enraizado en la historia, que entrelaza nuestras acciones con las de nuestros antepasados. El equinoccio de otoño nos incita a sentir la profunda conexión con quienes nos precedieron al pisar la misma tierra que acogió sus pasos. Hoy en día, lo que admiramos en nuestro paisaje es el eco de sus acciones: el camino que nos guía, la casa que nos acoge, el bosque protegido, el campo cultivado. Cada día, y especialmente hoy, sentimos la presencia tangible de nuestros antepasados en nosotros mismos y en los lugares que habitamos.

Sacrificio y sabiduría

✦ ✦ ✦

Los colores de esta estación son pura poesía para nuestra alma; en esta fase del año, empezamos a comprender que la muerte es una etapa importante en todo el ciclo natural. Las hojas caen porque los árboles, conscientes de la inminente llegada del crudo invierno, abandonan lo que ya no es necesario para conservar su sangre vital. Este sacrificio, que el reino vegetal repite año tras año, tiene su reflejo en el mundo animal. Desde la prehistoria, la caza adquirió un significado sagrado cuando el cazador se adentraba en la naturaleza salvaje para procurar alimentos a su pueblo. El animal sacrificaba su vida, reconociendo la habilidad del cazador y contribuyendo al sustento de la comunidad.

En este círculo de vida y muerte, este sacrificio representa el respeto y la interconexión entre los seres vivos.

El sacrificio nunca era gratuito, sino que constituía un acto deliberado realizado por el bien común, para garantizar la supervivencia durante el invierno y más allá. Era un privilegio y un honor realizar esta matanza; y si fracasaba, la causa se buscaría en la actitud del pueblo hacia los espíritus de la naturaleza o los despiadados dioses. Mabon nos pide que reflexionemos sobre lo que hemos sembrado y lo que hemos cosechado, no sólo en términos de bienes materiales, sino también de experiencias, emociones y aprendizajes. ¿Refleja la cosecha nuestras aspiraciones? ¿Qué ayudó a su crecimiento y qué lo obstaculizó? En los períodos bajo la influencia del poder del equinoccio, la comprensión es un componente fundamental para equilibrar la propia energía en la dirección correcta. Sólo así podremos crecer y evolucionar en nuestro viaje espiritual.

Equilibrio y fuerza

✦ ✦ ✦

LA ENERGÍA DEL MES

Mabon está relacionado con Libra, el signo zodiacal caracterizado por un sentido innato de la justicia, la armonía y la búsqueda constante del equilibrio. La energía de este signo nos muestra que, en esta época del año, debemos comprometernos a resolver los conflictos mediante el compromiso, sin poner en peligro nuestros valores e identidad. Optar por un enfoque tranquilo no significa ceder ante los demás; es una forma sabia de evitar conflictos innecesarios que podrían hacernos perder tiempo y energía, ambos dones valiosos que debemos guardar celosamente.

LUNA LLENA

La Luna llena de septiembre nos impulsa a comprometernos a mejorar nuestra sabiduría. En la tradición occidental, la manzana es un poderoso símbolo de conocimiento y autoconocimiento, por lo que la utilizaremos para nuestro hechizo.

Durante esta Luna llena, pide recibir mensajes que enriquezcan tu espíritu, a través de tus sueños.

Cuando haya Luna llena, corta una manzana por la mitad y coloca en su interior una hoja de laurel, en la que habrás escrito una pregunta. Cierra la manzana con un hilo natural y déjala fuera, a la luz de la Luna, durante toda la noche; al día siguiente, puedes enterrarla.

LUNA NUEVA

El aceite tiene grandes propiedades de limpieza y bendición, preparar una mezcla cargada por la Luna nueva te permitirá utilizarlo en tu práctica mágica.

Durante esta fase, preparamos un aceite para potenciar nuestra conexión con nuestros antepasados.

Vierte en una botella agua, aceite de oliva, tres gotas de aceite esencial de ciprés y una cucharadita de tabaco. Expón los ingredientes a la Luna nueva. Puedes utilizar esta agua como ofrenda a tus antepasados, para llamar su atención sobre tus plegarias. No la ingieras.

¿De qué debo protegerme?

✦ ✦ ✦

EN ESTA ETAPA DEL AÑO, nos encontramos en un camino muy introspectivo, por lo que resulta útil averiguar cuáles podrían ser nuestros puntos débiles, para poder evitar hábilmente atraer energía negativa que pueda lastrar nuestro espíritu.

✦ ***Si pudieras expresar tu talento a través de un trabajo de ensueño, ¿qué carrera elegirías?***

A. Cuidarías de la gente, un trabajo para ayudar a la comunidad.

B. Un trabajo que te diera tiempo para expresar con calma tus ideas.

✦ ***¿Qué situación te describe mejor en una relación romántica?***

A. La opinión de mi ser amado es lo más importante, escucho sus consejos e intento ponerlos en práctica para poder mejorar.

B. Sé lo que quiero en una relación, y debe estar en consonancia con mis valores. No hay que conformarse en el amor.

✦ ***Te encuentras entre extraños. Todos te miran. ¿Qué piensan?***

A. Me están juzgando. A primera vista tiendo a destacar.

B. Nadie me conoce. Debo presentarme e intentar hacerme amigo de alguien.

✦ ***Tienes que realizar un ritual durante la noche de Luna llena. ¿Cómo debes proceder?***

A. Buscas en algunos libros consejos sobre lo que debes hacer y sigues cada paso.

B. Lo más importante no es el ritual: es que no te descubran. Debo tener mucho cuidado.

✦ ***Un grupo de brujas te invita a unirte a su grupo. ¿Qué haces?***

A. Acepto encantada. Podrán enseñarme muchas cosas interesantes que aún desconozco; las necesito.

B. Lo rechazo. Prefiero practicar a solas, centrándome en mi energía y en mi despertar espiritual personal.

MAYORÍA DE RESPUESTAS «A»:
PROTÉGETE DE LOS PODERES EXTERNOS

Al escuchar siempre a los demás olvidamos el sonido de nuestra propia voz.

✦ ✦ ✦

Los humanos somos seres sociales y a menudo buscamos un grupo del que formar parte. El instinto nos lleva a interactuar con el mundo exterior y a evaluar nuestro espíritu según los valores de la sociedad.

Ser humilde puede ser muy útil, pero siempre debemos tener en cuenta que la gente no siempre tiene las mismas intenciones que nosotros. Lo que nosotros podemos hacer alegremente y con espíritu comunitario, en otros puede ser sólo un intento de obtener una ventaja personal.

Nuestras normas no son universales, por eso debemos aprender a mirar las situaciones con objetividad. La opinión de los demás importa; sin embargo, debemos aprender a librar nuestras propias batallas si creemos en ellas, siempre que no causen daño.

Ritual recomendado: la decisión del arcano.

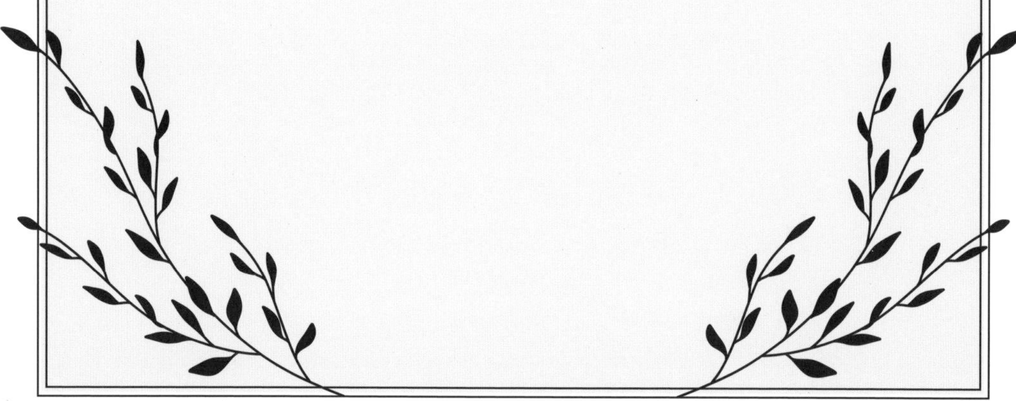

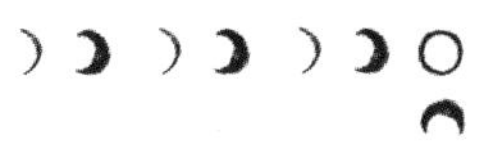

MAYORÍA DE RESPUESTAS «B»:
PROTÉGETE DE LOS PODERES INTERNOS

Incluso la joya más hermosa no consigue brillar cuando está encerrada en una caja fuerte.

✦ ✦ ✦

Es natural creer que la opinión de uno es la más válida, pero es crucial estar abierto a los debates y a puntos de vista diferentes. Esto es útil en la medida justa.

Respetar la propia identidad es un aspecto importante para definir la propia fuerza. Recuerda que, en este mundo, uno no puede actuar como si estuviera completamente desvinculado de la sociedad.

Está bien protegerse del odio externo, pero ¿cómo protegerse de uno mismo? El principal defecto de ser cuadrado es tener aristas. Mientras sólo utilicemos nuestro criterio personal, alimentaremos tanto nuestras fortalezas como nuestras debilidades, lo que podría llevarnos al estancamiento. Abrámonos al mundo, sólo un poco.

Ritual recomendado: la llamada de la paz.

La belleza melancólica

✦ ✦ ✦

El equinoccio de otoño está lleno de tradiciones mágicas cuya finalidad es alimentar nuestro espíritu y darnos las herramientas para afrontar mejor los retos que nos esperan.

CELEBRACIÓN: LA BELLOTA DE LA BUENA FORTUNA

En la sabiduría popular de los pueblos germánicos, la bellota se consideraba sagrada; no era sólo una semilla, sino que simbolizaba la riqueza y el poder, porque en ella se concentraba todo el poder del majestuoso roble.

MATERIALES: Bellotas, una vela, un plato.

MÉTODO: En otoño, da un paseo para recoger las bellotas que haya por el suelo. Lo principal es que el número sea impar. Puedes realizar este ritual durante el equinoccio o la Luna creciente.

Coloca las bellotas en un plato lo bastante grande y desecha las que estén dañadas. Asegúrate de que ninguna se superpone y de que todas tienen buen aspecto.

Ahora enciende la vela y, con mucho cuidado, gira lentamente en el sentido de las agujas del reloj sobre el plato, e inclina ligeramente la vela para que la cera derretida empiece a gotear.

Mientras avanzas, recita tu conjuro tres veces sin dejar de dar vueltas:

Suerte, suerte, te llamo,
ahora muestra tu mano.
Muéstrame tu decisión,
cuáles son los dones que aceptarás.

Presta mucha atención a este conjuro, porque las gotas de cera empezarán a gotear sobre algunas de las bellotas, bendiciéndolas. Apaga la vela y utiliza sólo las bellotas que tengan restos de cera. Éstas se pueden utilizar como amuletos. Puedes llevarlas contigo o colocarlas dentro de tu casa para atraer la buena suerte.

JUSTICIA: LA DECISIÓN DEL ARCANO

La Justicia es una carta del tarot: utilizamos su poder para atraer los poderes del universo en aquellas situaciones en las que necesitamos la intervención del universo para equilibrar la energía. Este hechizo no puede utilizarse para causar daño a otras personas.

MATERIALES: La carta del tarot de la Justicia (si no tienes cartas del tarot, imprime una imagen que la represente), y un vaso de vino.

MÉTODO: Para llevar a cabo este hechizo, tu intención es de suma importancia, así como tu deseo de restablecer el equilibrio.

Coloca los arcanos del tarot y el vaso de vino entre la carta y tú.

Tómate tu tiempo para despejar la mente, concentrarte en lo que quieres pedir y reconsiderar mentalmente la situación sin dejar que tus emociones te dominen. En este momento, no puedes sentir ira.

Ahora levanta el vaso y, mientras te acercas a él, susurra tu conjuro sobre él:

Justicia, equilibrio infalible,
llamo tu atención en este momento.
Escucha mis palabras: restablece el equilibrio.

Describe la situación para la que buscas justicia. No temas entrar en detalles: revélalo todo. Cuando hayas completado tu descripción, termina con «Que así sea».

Deja la carta del tarot delante de la copa de vino durante toda la noche; al día siguiente, vierte el vino en el exterior, consciente de que el universo ya está en movimiento.

CALMA: LA LLAMADA DE LA PAZ

La amatista es la guardiana de la paz y la armonía; en cristaloterapia, aporta serenidad al espíritu equilibrando la mente. Creemos un amuleto que podamos llevar en los momentos más difíciles de nuestra vida, como herramienta para mantener la calma.

MATERIALES: Un colgante de amatista, un cuenco de agua destilada, incienso.

MÉTODO: Coge el colgante de amatista y sumérgelo en el cuenco de agua durante unos minutos. Visualiza que el agua se transforma en un vórtice de energía limpiadora, absorbiendo cualquier negatividad e impureza que pueda haberse adherido al cristal. Retira con cuidado el colgante del agua y sécalo con un paño limpio.

Pasa el colgante por el humo del incienso, visualizando cómo penetra en cada parte de la piedra, purificándola. Imagina que el humo es un manto que envuelve la amatista y le da nueva vida y poder.

Ahora es el momento de pedir ayuda al cristal: sujétalo entre tus manos. Inspira profundamente y luego espira soplando sobre el colgante. Repite este paso al menos tres veces, manteniendo la calma mientras lo haces.

Ahora recita tu conjuro:

Amatista, gema de luz y misterio,
disuelve el estrés y la ansiedad con tu toque.
Trae la calma interior ante mí:
este colgante queda ahora bendecido.

Lleva tu amuleto siempre que te enfrentes a una situación estresante. Sostenlo en tus manos para invocar su poder.

El camino de Mabon a Samhain

✦ ✦ ✦

El camino que toma forma después de Mabon nos conduce directamente a Samhain, una de las fiestas más importantes de la rueda del año. Por eso, durante esta transición, se nos pide que prestemos mucha atención a la energía que nos rodea. Nuestro viaje comienza con la energía de Libra, que nos invita a encontrar y transformar los desequilibrios en oportunidades de crecimiento, y luego llega a Escorpio, símbolo principal de la transformación y la conexión con las emociones.

Esta parte de nuestro viaje nos conducirá a la cueva oscura del subconsciente y de nuestra esencia espiritual.

Escorpio es un signo profundamente conectado con el mundo espiritual y el pasado. En este momento, es especialmente útil empezar a conectar con los antepasados, pidiéndoles guía y apoyo.

El tema principal de esta fase es: podemos tener miedo a la oscuridad, pero sólo será así hasta que tengamos el valor de iluminarla con nuestra fuerza.

Esto es lo que podemos hacer para gestionar el flujo de estas energías:

- ✦ Empieza a investigar tus raíces; construye tu árbol genealógico.
- ✦ Sigue tu instinto para identificar qué energías están actualmente a tu alrededor.
- ✦ Sé consciente de cada una de tus acciones, sin permitir que el miedo al futuro te distraiga.
- ✦ Limpia regularmente tu casa limpiando las superficies con sal y agua.
- ✦ Difunde un aceite esencial relajante mientras trabajas o estudias.
- ✦ Examina tus prioridades: considera qué es importante para ti en la vida.
- ✦ Empieza a poner a prueba tu práctica utilizando los hechizos de protección.

Recuerda: El universo está constantemente en equilibrio. No rehúyas los retos, o te enfrentarás a obstáculos que sólo podrás superar con esfuerzo.

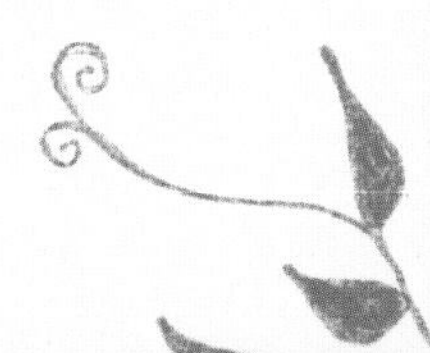

FEDERICA VANINI

Alias Incanto del Corvo, Federica es una estudiosa independiente que lleva años profundizando en las raíces de la magia popular italiana. Su pasión por la naturaleza y las enseñanzas de su abuela la han guiado por un camino de estudios y prácticas relacionadas con la adivinación, las tradiciones mágicas y el poder natural.

Actualmente, a través de su página de Instagram, comparte sus conocimientos e inspira a muchos aficionados.

ERICA BRUCOLI

Nacida y residente en Turín, Erica es una artista gráfica e ilustradora que se mueve por el mundo en busca de inspiración. La naturaleza es su principal musa, pero sus ideas también surgen de las páginas de los libros, junto con el arte, los viajes y el misticismo. Gracias a años de experiencia en la industria de la moda, ha perfeccionado su sensibilidad artística y ha desarrollado una visión única. Tras licenciarse en Ilustración Editorial en el MiMaster de Milán, Erica se ha dedicado plenamente a su pasión, trabajando como ilustradora y artista gráfica y sin dejar de hacer arte.